MAKRAMEE

Super Easy

EXPRESS-PROJEKTE

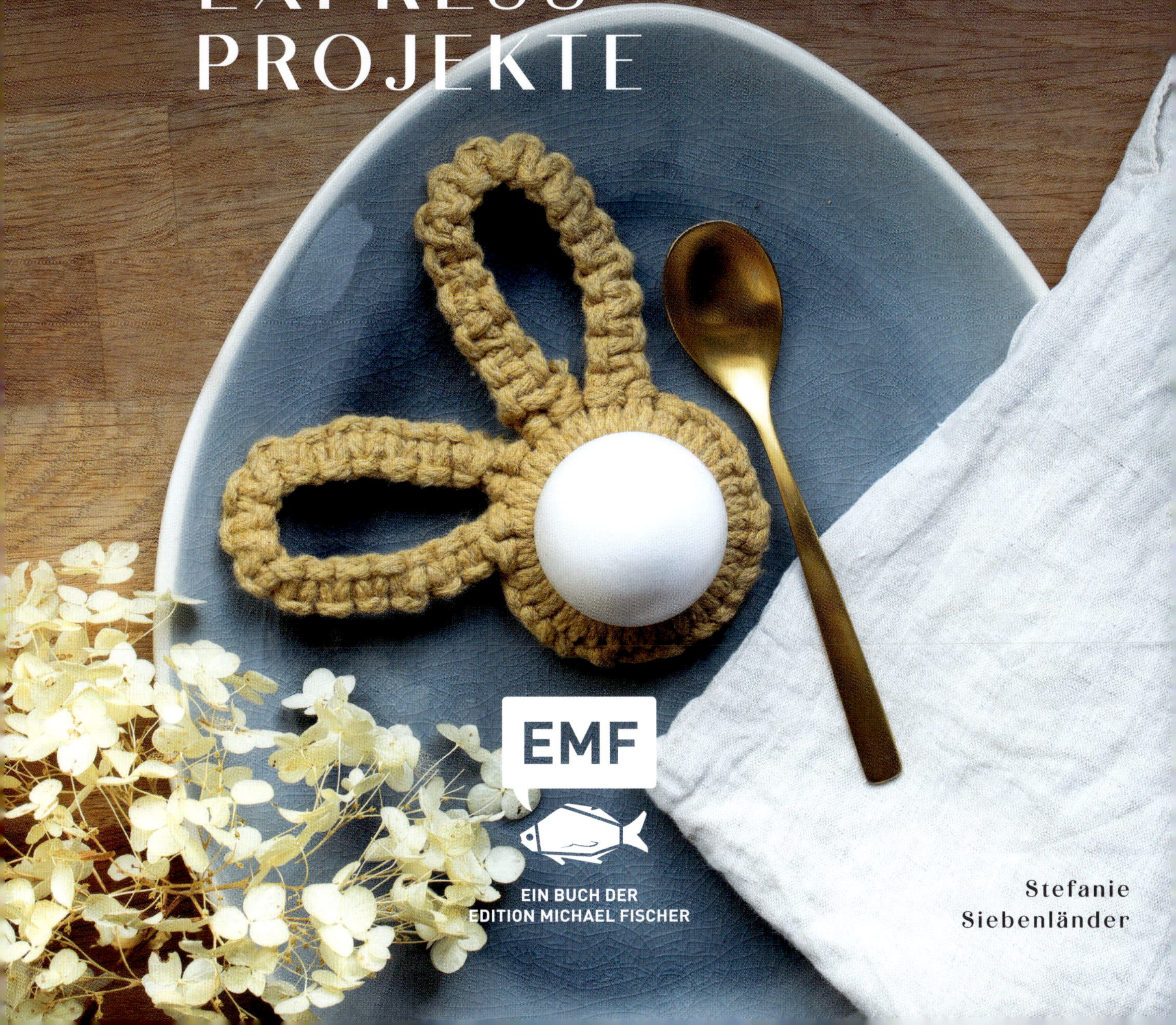

EMF

EIN BUCH DER
EDITION MICHAEL FISCHER

Stefanie
Siebenländer

INHALT

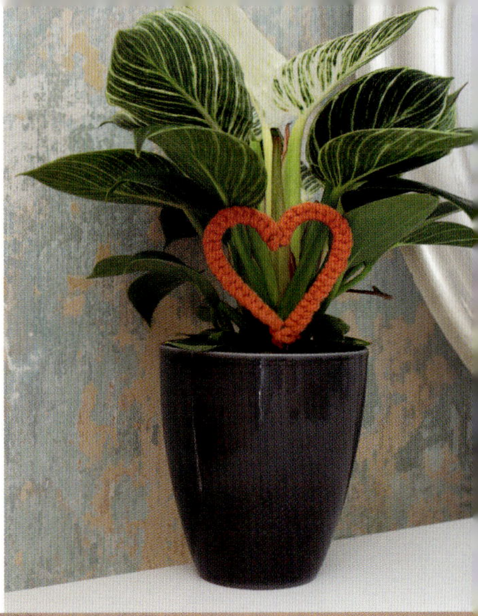

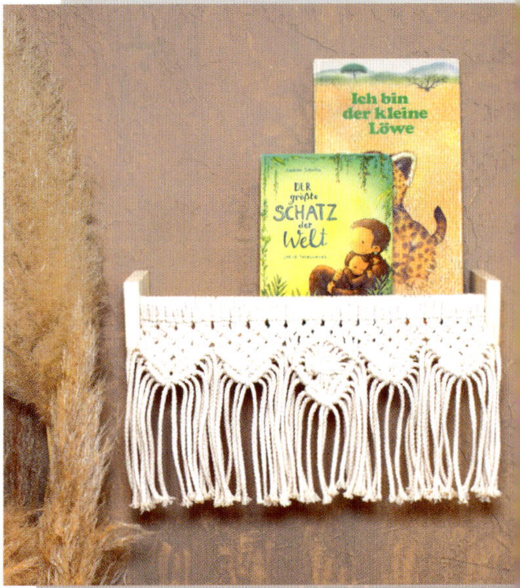

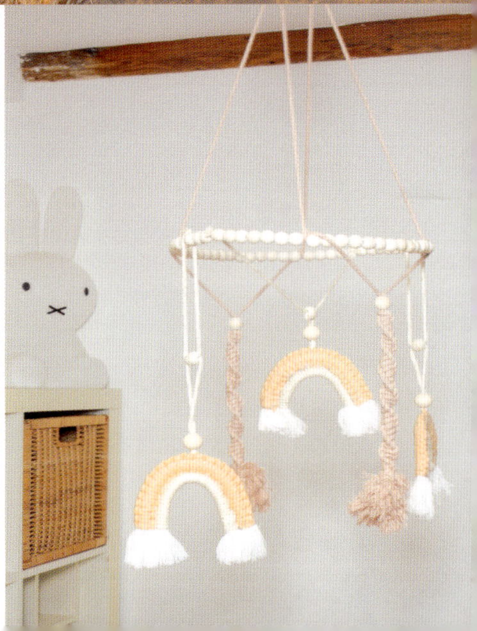

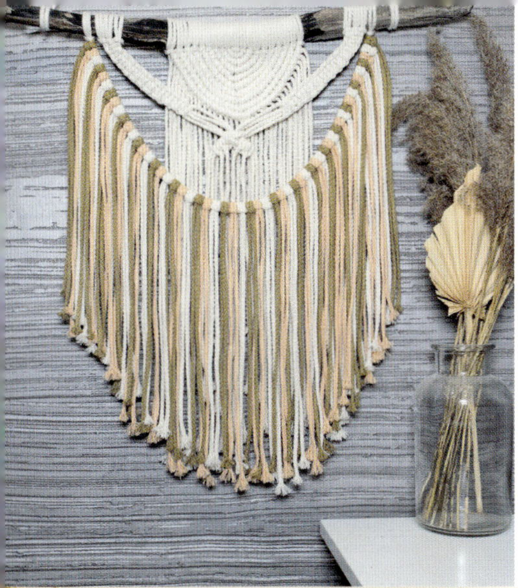

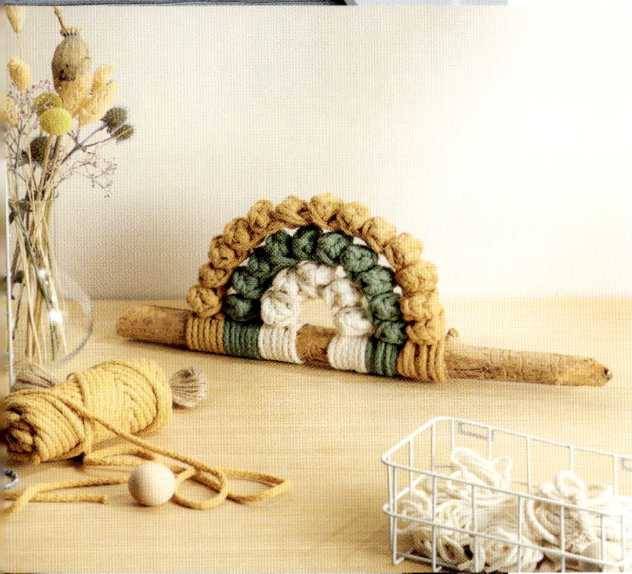

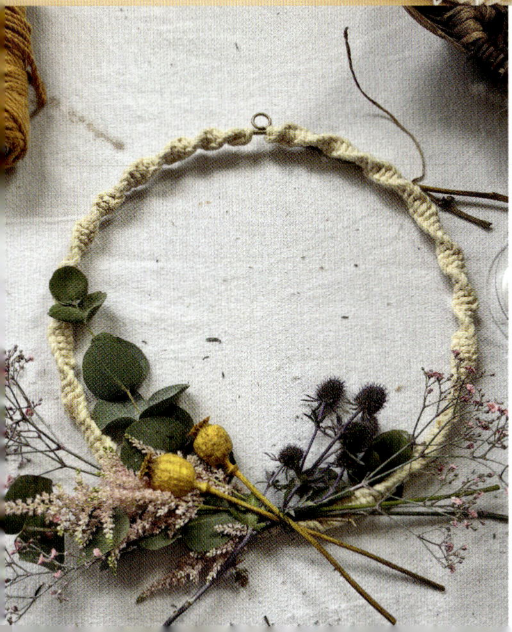

VORWORT

Oft wird mir gesagt: „Wow, was du alles mit Makramee machen kannst, das würde ich auch gern können. Aber leider ist das ja echt schwierig und dauert immer so lang. Deshalb habe ich leider keine Zeit für so was, aber ich würde echt gerne mal selbst ein Makramee machen."

So schwer ist die im Orient begründete Makramee-Kunst aber gar nicht. Du benötigst lediglich die Kenntnis von ein oder zwei Knoten, um schon wirklich hübsche Sachen wie zum Beispiel ein Windlicht, einen kleinen Wandbehang, ein Armband oder sogar ein tolles Regal zu knüpfen.

In diesem Buch zeige ich dir, wie du schnell und einfach deine ersten Makramee-Projekte selbst knüpfen kannst. Durch die bebilderten Schritt-für-Schritt-Anleitungen in meinem Buch können sowohl Anfänger*innen als auch Fortgeschrittene tolle Dinge zaubern. Die unterschiedlichen Schwierigkeitsgrade sollen dir als Motivation dienen, dich langsam mit der Makramee-Kunst vertraut zu machen. Bist du schon fortgeschritten, sollen die leichteren Projekte -jedoch nicht weniger interessant für dich sein. Auch die Themenbereiche habe ich weit gefächert, von Ostern, Geschenken zu Geburt und Geburtstag, über tolle Kinderzimmer- und Interieur-Ideen bis hin zu Weihnachten ist alles dabei.

Zum Thema Zeit möchte ich dir Folgendes ans Herz legen: Makramee ist eine sehr meditative Technik. Sie hilft mir und sicherlich auch dir, zu entspannen und den Kopf freizubekommen. Genauso ist die Idee zu meinem ersten Makramee-Buch „Makramee – knüpfen, knoten, flechten", welches 2020 erschienen ist, entstanden – in der Elternzeit nach der Geburt meines ersten Sohnes. Ich war zu Hause und brauchte einen Ausgleich zu dem plötzlich ganz anderen und teilweise stressigen, mit Schlafmangel verbundenen neuen Alltag. Ein Makramee zu knüpfen ist Zeit für dich, und die solltest du dir immer nehmen, egal, wie stressig dein Alltag ist. Ich weiß selbst, wovon ich spreche. Mit zwei aufgeweckten Jungs ist bei uns zu Hause immer was los. Daher freue ich mich immer darauf, wenn ich mir abends etwas Zeit für mich nehme, mir eine Tasse Tee mache, einen tollen Podcast oder ein Hörbuch anstelle und ein neues Makramee-Projekt beginne.

Und genau das solltest du jetzt auch tun. Ich wünsche dir viel Spaß beim Durchblättern meines Buches und mit deinem ersten Makramee-Projekt.

Alles Liebe
Steffi

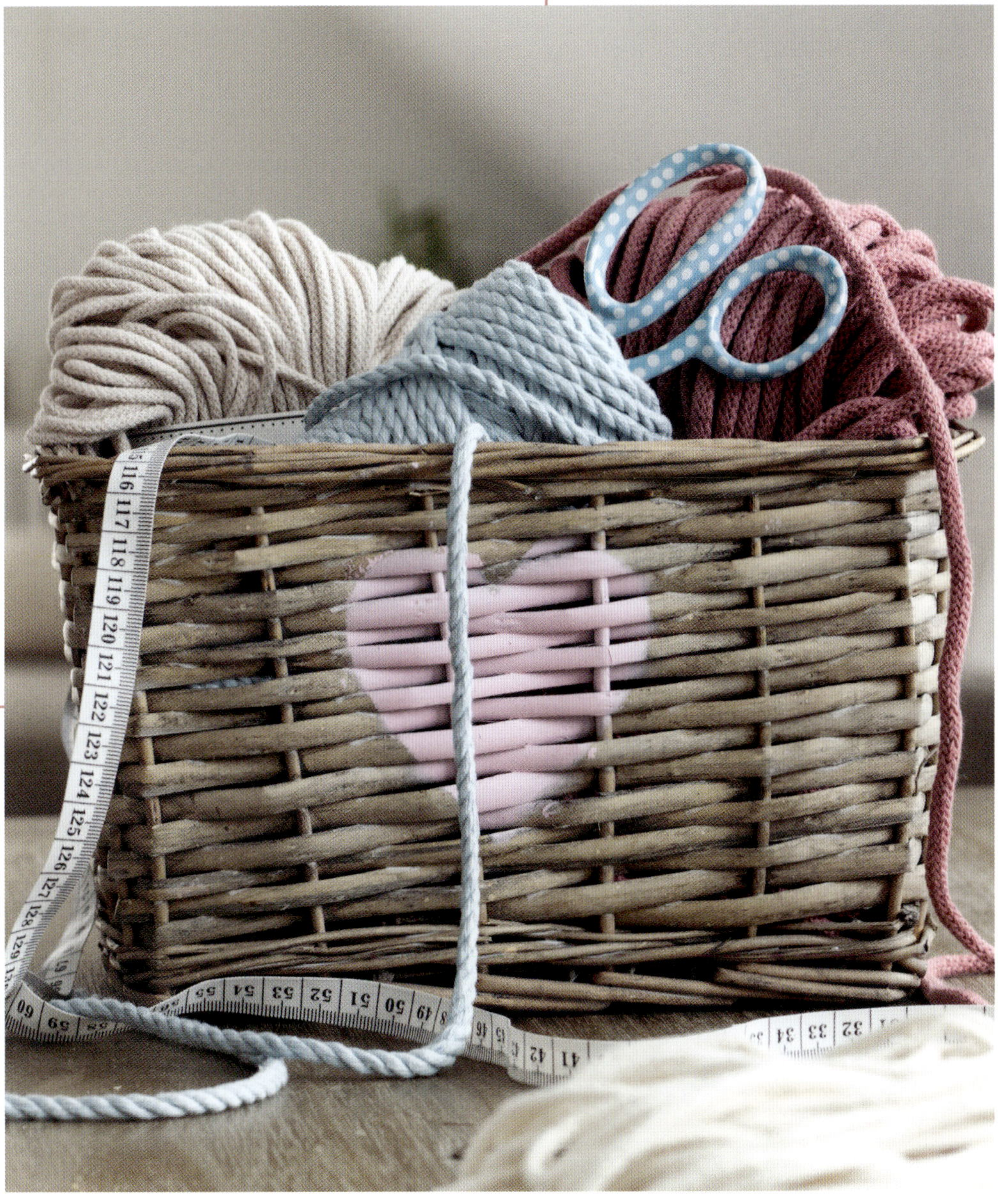

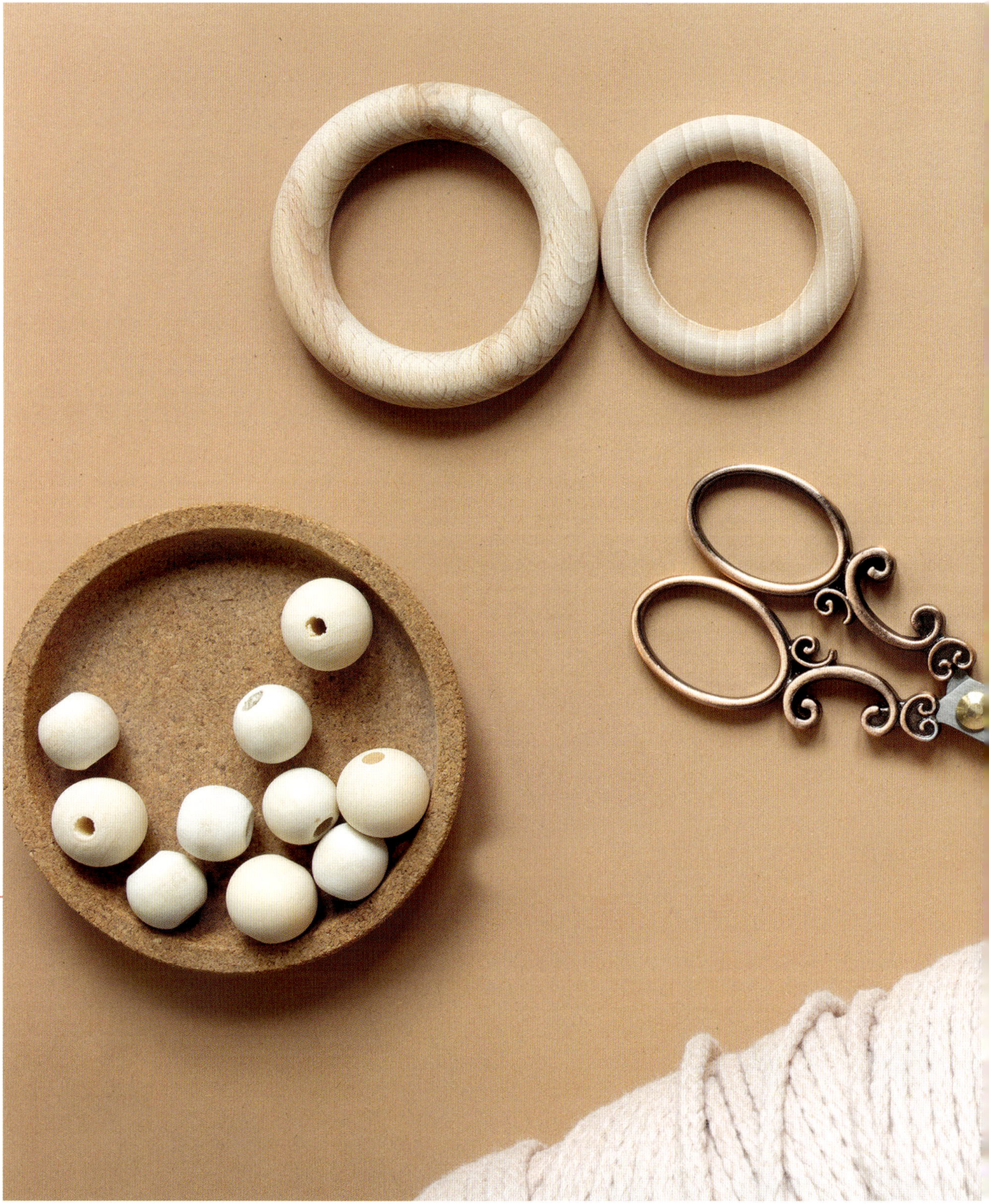

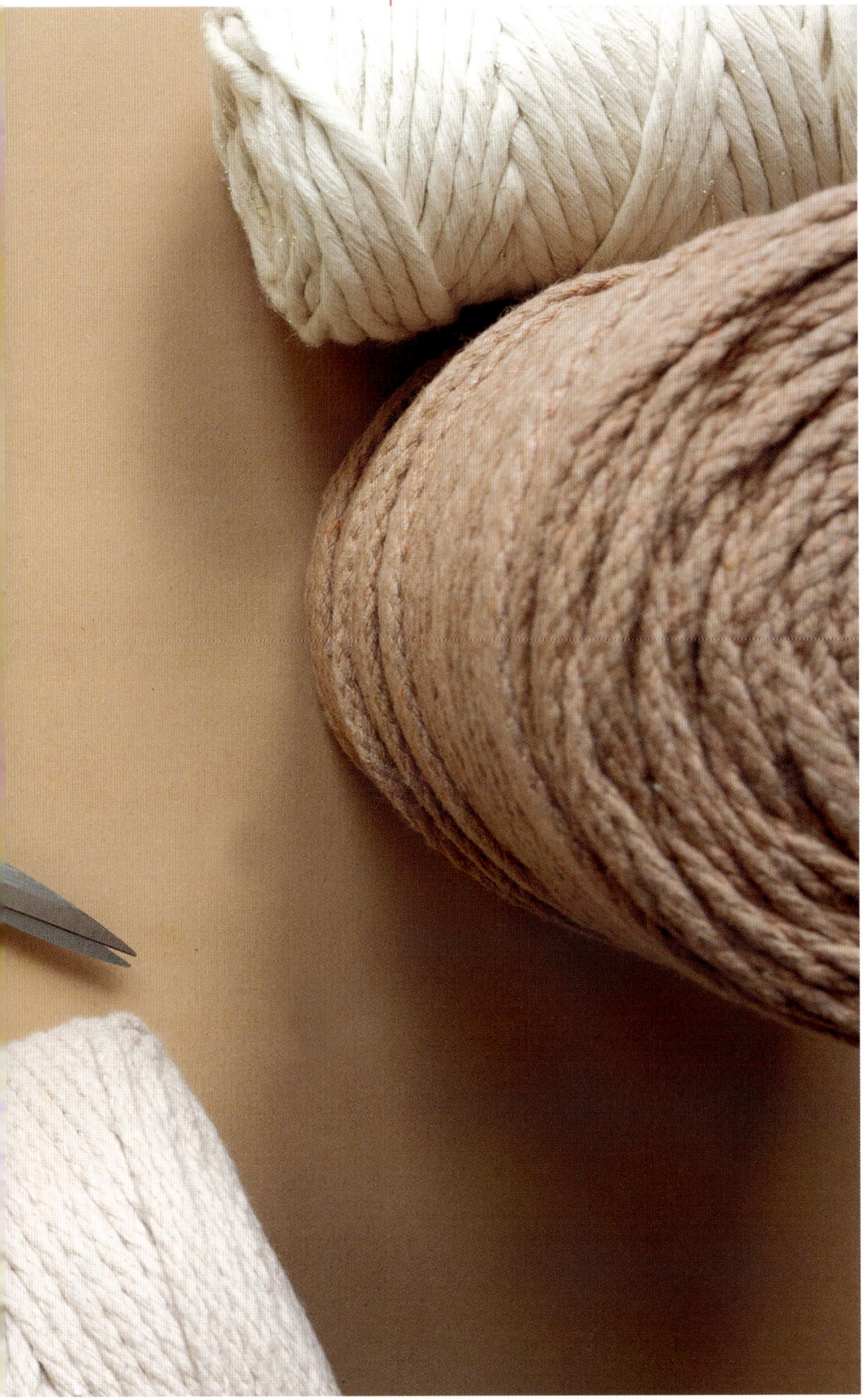

GRUNDLAGEN

Materialkunde

Makramee kann generell mit allen Garnen geknotet werden, sei es aus Natur- oder Kunstfasern. Meistens wird Baumwollgarn verwendet. Garne werden aber nicht nur durch ihre Fasern unterschieden, sondern auch nach ihrem Herstellungsverfahren beziehungsweise ihrer Beschaffenheit. Man unterscheidet gezwirnte, also in sich gedrehte, und geflochtene Garne. Dabei hat jede Art von Garn seine ganz charakteristischen Eigenschaften, wodurch sich ein individuelles Knotenbild ergibt. Es gibt aber nicht nur naturfarbene Makramee-Garne, sondern auch Garne in den verschiedensten Farben.

GARN FÜR ANFÄNGER

Für Anfänger eignen sich geflochtene Garne am besten, einfach gezwirntes Garn hingegen nicht so gut. Wenn man sich aber stärkeres Ausfransen der Enden wünscht, ist auch das mehrfach gezwirnte Garn eine tolle Alternative. Am Ende entscheidet aber auch die Vorliebe darüber, welches Garn am besten zu dir passt.

Probiere verschiedene Garne und finde für dich heraus, mit welchem du gut zurechtkommst. Mit der Zeit lernt man die Garne und ihre Besonderheiten kennen, und es fällt einem leichter, die passende Wahl für ein bestimmtes Projekt zu treffen.

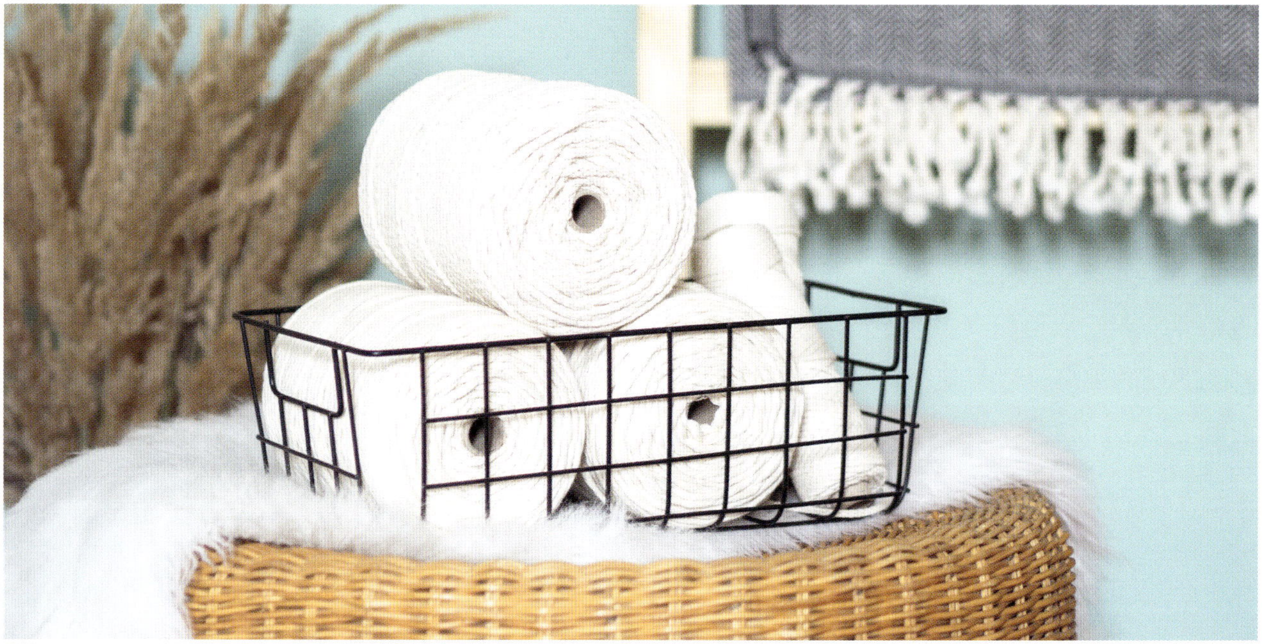

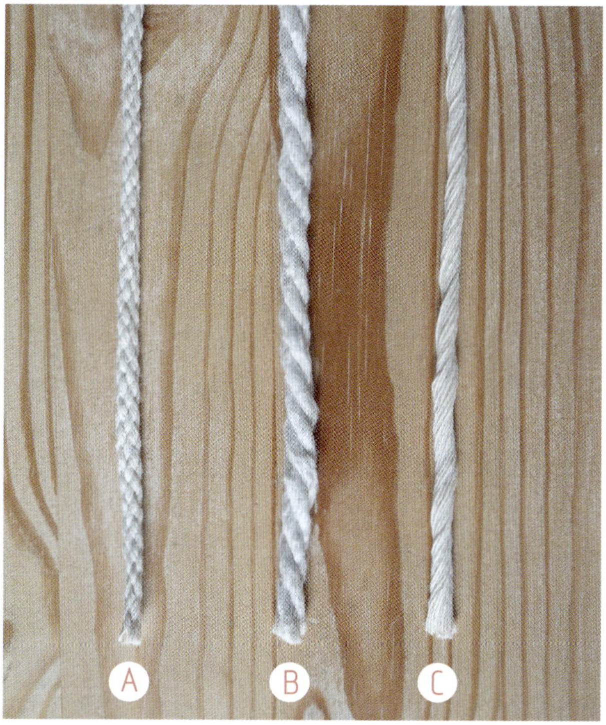

GEZWIRNTE GARNE

Gezwirnte Garne neigen dazu, sich an den Enden aufzudrehen. Man unterscheidet bei gezwirnten Garnen in einfach (B) und mehrfach (C) gezwirnt. Beim einfach gezwirnten Garn sind die einzelnen Fasern zu einem Faden verdreht. Dadurch neigt diese Art Garn auch sehr stark zum Aufdrehen beim Knoten. Leider kann es dadurch auch passieren, dass sich beim Knoten einzelne Fasern ineinander verfangen, was das Knoten erschwert. Außerdem eignet sich dieses Garn nicht für Accessoires, da man sich sehr schnell Fäden ziehen kann, sobald man irgendwo mit dem Schmuckstück hängen bleibt.

Wenn man trotzdem möchte, dass die Enden ausfransen, aber das einfach gezwirnte Garn umgehen möchte, ist ein mehrfach gezwirntes Garn eine gute Alternative. Beim mehrfach gezwirnten Garn sind die einzelnen Fasern zu dünnen Fäden verdreht, wobei diese dünnen Fäden ebenfalls miteinander verzwirnt wurden. Dadurch verfangen sich die einzelnen Fasern nicht so schnell beim Knoten, und das Garn bleibt gleichmäßiger, da es nicht so schnell Fäden zieht.

Auch wenn gezwirnte Garne dazu neigen sich aufzudrehen, sollte beachtet werden, dass sie sich auch gern wieder zurückdrehen. Sollte man also Garn glatt auskämmen wollen, lohnt es sich manchmal, auf geflochtenes Garn zurückzugreifen, oder man fixiert die ausgekämmten Garnenden z. B. mit Haarspray.

GEFLOCHTENE GARNE

Geflochtene Garne (A) fransen unten nur wenig von alleine aus. Außerdem ist das geflochtene Garn aufgrund seiner Beschaffenheit elastischer im Vergleich zu gezwirnten Garnen. Das macht generell keinen Unterschied beim Knoten, kann aber zuerst ungewohnt sein, wenn man mit gezwirnten Garnen begonnen hat zu knoten.

Vorbereitung

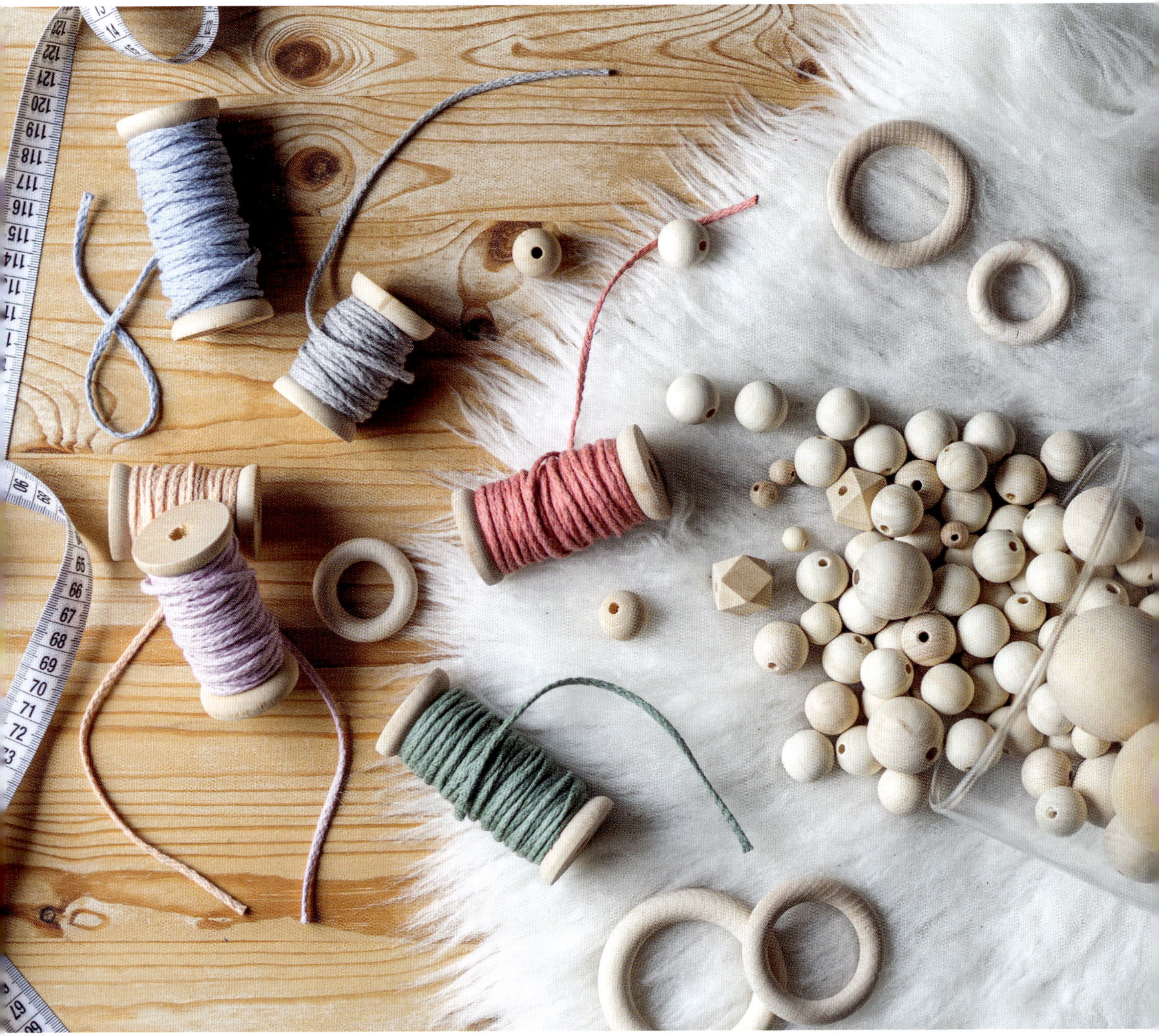

BEFESTIGUNG

Bei der Befestigung während des Knotens darf man gern ein bisschen kreativ werden. Für kleine bis mittelgroße Projekte reicht es oft aus, wenn man Kreppklebeband zum Befestigen benutzt. Es lässt sich rückstandslos entfernen und ist ein echter Allrounder.

Für kleine Projekte kann alternativ ein Klemmbrett oder ein Nagel in einem Holzbrett benutzt werden. Für große Projekte eignet sich am besten eine Kleiderstange, die man in der Höhe verstellen kann, sowie S-Haken. Du hast keine Kleiderstange? Kein Problem, es gibt auch ein paar Alternativen, die man fast in jedem Haushalt findet. Du kannst deine S-Haken oder zusätzlichen Fäden auch an die Tür bzw. Türklinke oder einen Kleiderständer hängen.

HILFSMITTEL

Beim Knoten von Makramees braucht man immer ein Maßband und eine scharfe Schere. Hier eignet sich am besten eine Schneiderschere. Achte darauf, dass du mit der Schere wirklich nur Garn und Stoffe schneidest und kein Papier, damit sie lange schön scharf bleibt.

Zusätzlich ist Kreppklebeband oder Washi Tape immer ein treuer Begleiter, da du damit nicht nur die Projekte beim Knoten befestigen, sondern es als Hilfsmittel beim Auffädeln von Perlen und beim ordentlichen Zuschneiden der Fransen zu Hilfe nehmen kannst. Eine Strick- oder Sticknadel ist auch immer wieder hilfreich, da du so das Garn einfacher durch enge Öffnungen bekommst und die Enden leichter ausfransen kannst.

Deiner Kreativität sind keine Grenzen gesetzt. Hier folgt eine kleine Auflistung möglicher zusätzlicher Materialien:

(Holz-)Perlen
–
Holzringe
–
Holzmobile
–
Stickrahmen
–
Metallringe
–
Äste
–
Karabiner (z. B. für Taschengurt)

Tipps & Tricks

PERLEN AUFFÄDELN

Vor allem bei etwas dickerem Garn kann das Auffädeln von Perlen eine kleine Herausforderung werden. Mit Kreppklebeband kannst du die entsprechenden Garnenden ganz eng umkleben und so verjüngen. Wichtig ist, dass du nur so wenig Kreppklebeband benutzt wie nötig, damit du die Enden damit nicht wieder verdickst. Zusätzlich hilft beim Auffädeln eine Drehbewegung mit dem Garn und, wenn nötig, auch eine Nadel oder Zange. Andernfalls kannst du bei Holzperlen auch das Loch vorsichtig größer bohren.

DAS KNOTEN AN ÄSTEN

Äste passen perfekt zum Makramee-Look. Doch vor allem Äste, die in der kalten Jahreszeit gesammelt wurden, sind oftmals noch feucht. Zusätzlich kann es passieren, dass die Äste kleine Mitbewohner haben. Daher ist es empfehlenswert, kleine bis mittelgroße Äste im Ofen zu trocknen. Dort werden sie bei 80 °C unter Beobachtung hineingelegt, bis sie trocken sind. Klemme einen Holzkochlöffel in die Tür, damit die Feuchtigkeit abziehen kann. Es ist ratsam, immer mehrere Äste gleichzeitig zu trocknen, um diesen Vorgang nicht oft wiederholen zu müssen. Danach kann dann die Rinde noch mit einem Messer und einem Schleifgerät entfernt werden.

FRANSEN IN FORM SCHNEIDEN

Wenn man am Ende die Fransen seines Makramee-Kunstwerks gleichmäßig in Form schneiden möchte, kann man sie mit Kreppklebeband entsprechend abkleben und dann mit einer scharfen Schere entlang der abgeklebten Kante die Fransen zuschneiden.

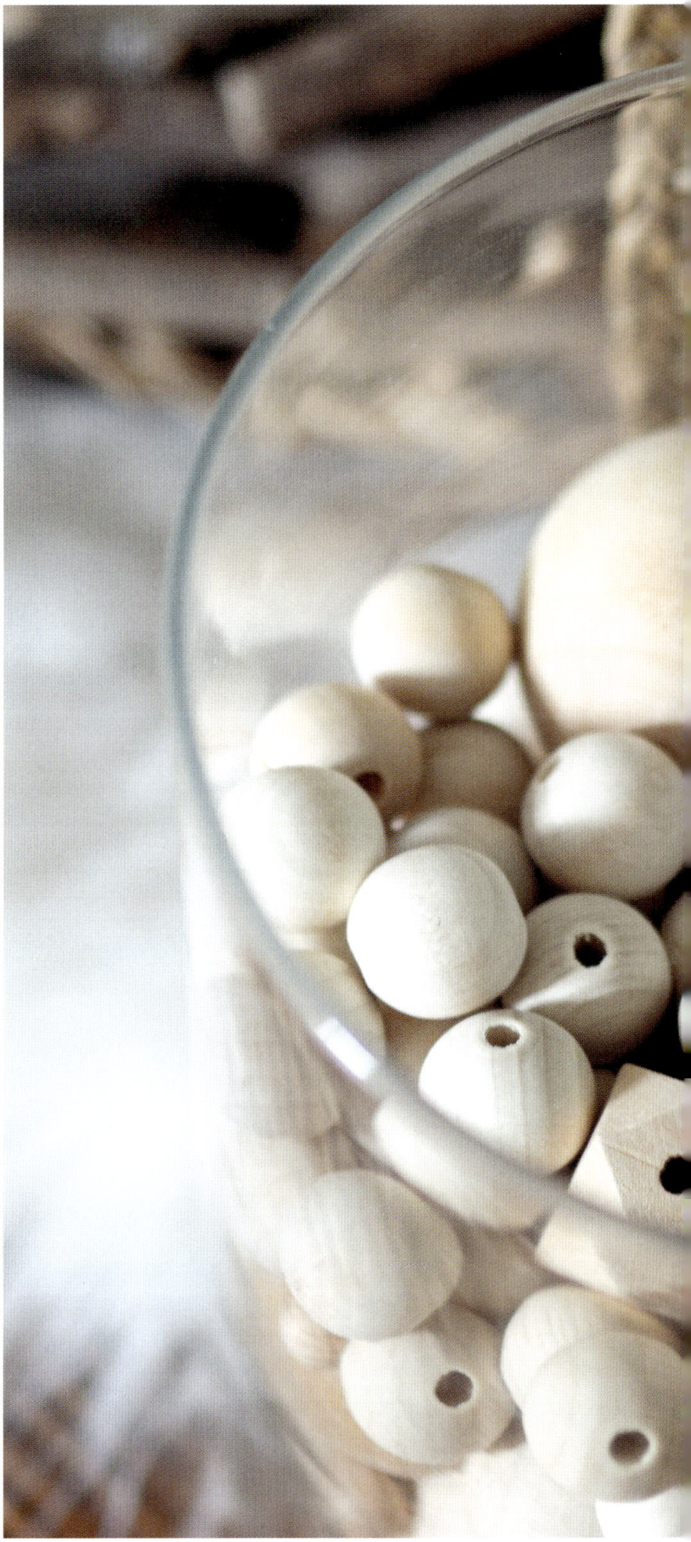

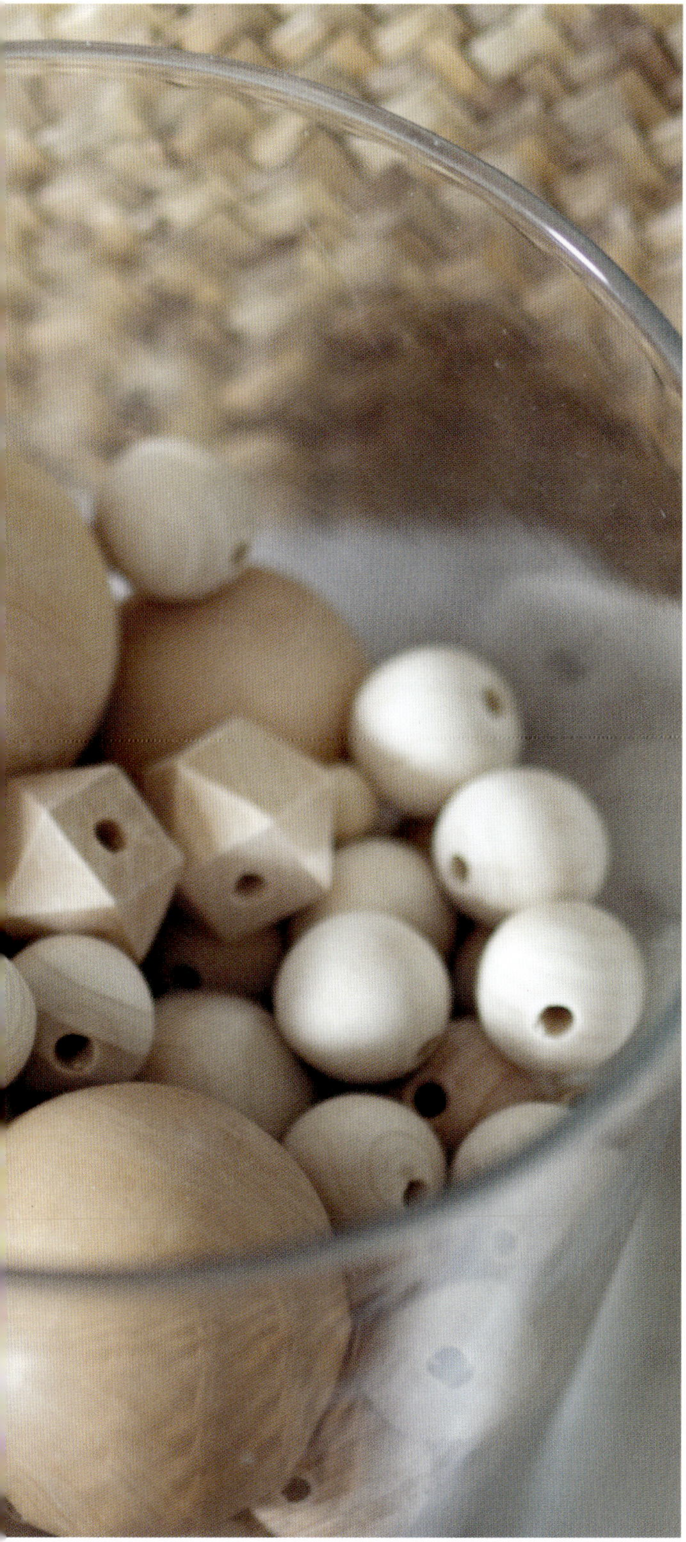

GARN ZUM KNOTEN VERKÜRZEN

Bei einigen Makramee-Projekten arbeitet man mit sehr langen Fäden. Lange Garnfäden sind nicht nur für Anfänger herausfordernd. Du kannst die Enden künstlich verkürzen, indem du sie ein paar Mal zusammenlegst und mit einem Gummiband oder einem Knoten fixierst.

GARNRESTE

Beim Makramee-Knoten entstehen immer auch Garnreste. Diese müssen aber nicht unbedingt weggeworfen werden. Oftmals kann man sie für andere Projekte verwenden. Ab 20 cm kann es sich lohnen, Garn aufzubewahren.

GARNLÄNGE

In diesem Buch habe ich meist das geflochtene Garn in 4 mm Dicke verwendet. Man muss hier berücksichtigen, dass sich die Mengenangabe verändert, wenn man dickeres oder dünneres Garn verwendet. Ich habe die Angaben großzügig gehalten, da der Materialverbrauch auch davon abhängig ist, wie fest oder locker man die Knoten zieht, welche Knoten man verwendet und wie die Beschaffenheit des Garns ist.

Als grobe Rechenhilfe gilt, dass der Faden mindestens viermal so lang sein sollte wie das fertige Projekt. Bei besonders vielen Knoten in einem Projekt oder bei Berry Knots kann sogar die achtfache Menge nötig sein. **Wichtig:** Wenn die Fäden doppelt genommen werden, um das Makramee mit einem umgekehrten Lerchenkopfknoten zu beginnen, muss natürlich auch die Länge immer verdoppelt werden.

Technik

Beim Knüpfen eines Makramees werden die Fäden in Arbeits- und Füllfäden unterschieden. Arbeitsfäden sind jene, welche tatsächlich zum Knüpfen eines Knotens verwendet werden. Die Füllfäden spielen eine eher passive Rolle.

Ein kleines Beispiel: Ein Knoten besteht aus vier Fäden. Die Fäden eins und vier sind hierbei die Arbeitsfäden, da mit ihnen um die Fäden zwei und drei der Knoten geknüpft wird. Die Fäden eins und vier machen die „Arbeit“, und die Fäden zwei und drei geben dem Knoten lediglich etwas „Fülle“.

DIE KNOTEN

UMGEKEHRTER LERCHENKOPFKNOTEN

Mit diesem Knoten werden alle zurechtgeschnittenen Fäden zunächst befestigt. Als Befestigungsgrundlage eignen sich u. a. Äste, Ringe, Stäbe, Fäden oder Holzgestelle wie beispielsweise ein Regal.

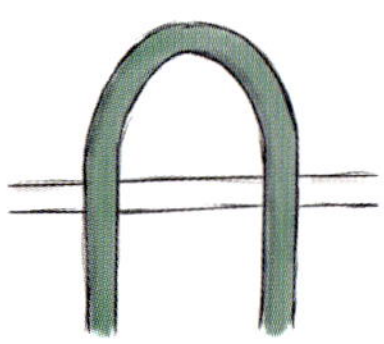

1. Lege den Faden in der Mitte zur Hälfte und die so entstandene Schlinge auf die Querstrebe, an der du dein Projekt befestigen willst.

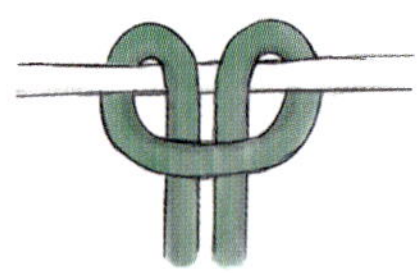

2. Führe die Enden des Fadens um die Querstrebe herum und ziehe sie von hinten nach vorn durch die Schlinge.

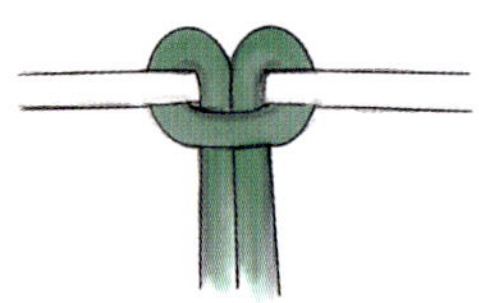

3. Ziehe den Knoten fest.

HALBER KNOTEN

Ein halber Knoten besteht aus dem ersten Teil eines Kreuzknotens.

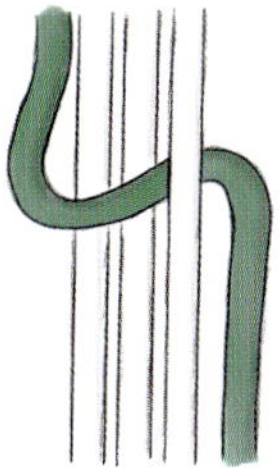

1. Der linke Arbeitsfaden wird horizontal über die beiden Füllfäden und unter den rechten Arbeitsfaden gelegt.

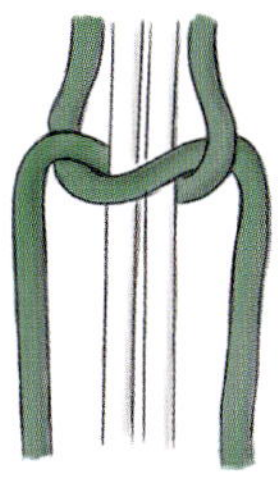

2. Der rechte Arbeitsfaden wird horizontal unter den beiden Füllfäden und über den linken Arbeitsfaden gelegt. Den Knoten festziehen.

HALBKNOTENSPIRALE

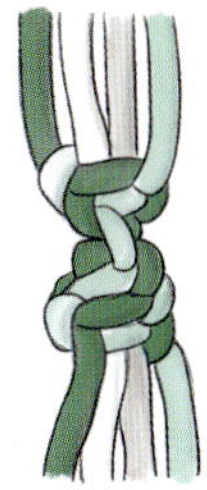

1. Untereinander gereiht, ergibt der halbe Knoten eine Spirale. Nach ca. 5–6 Knoten erkennt man diese. Wichtig ist hier, dass die Knoten immer wieder leicht gedreht und gut festgezogen werden.

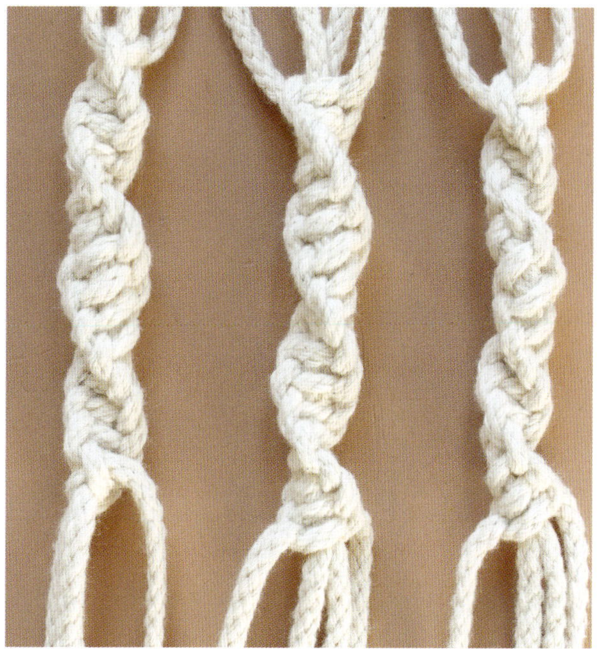

D I E   K N O T E N

KREUZKNOTEN

Dieser Knoten wird auch Weberknoten genannt und besteht aus zwei halben Knoten. In seiner Grundform wird er mit vier Fäden geknüpft: zwei Arbeitsfäden (außen) und zwei Füllfäden (innen). Er kann aber auch mit mehr Fäden geknüpft werden. Die Zahl der Arbeitsfäden und Füllfäden kann also variieren.

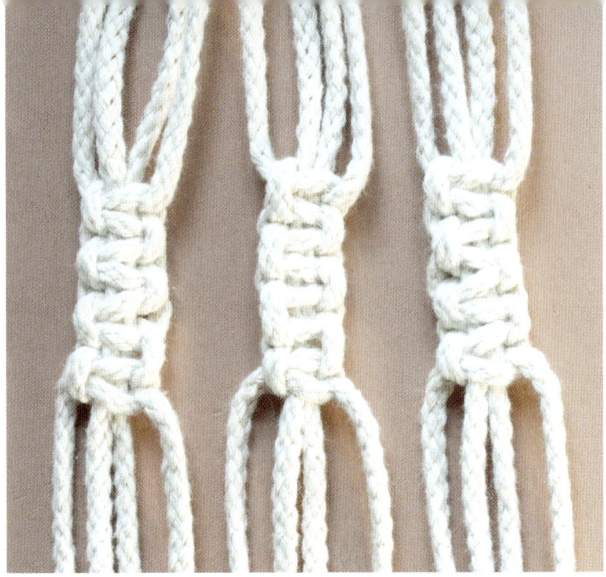

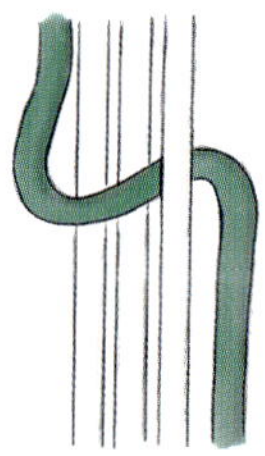

1. Der linke Arbeitsfaden wird horizontal über die beiden Füllfäden und unter den rechten Arbeitsfaden gelegt.

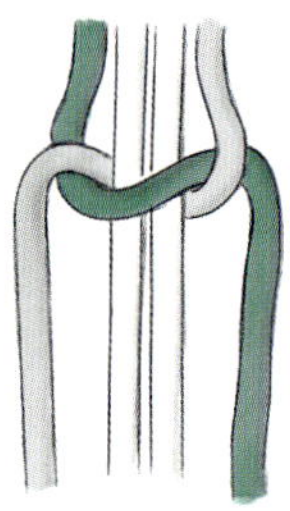

2. Der rechte Arbeitsfaden wird horizontal unter die beiden Füllfäden und über den linken Arbeitsfaden gelegt.

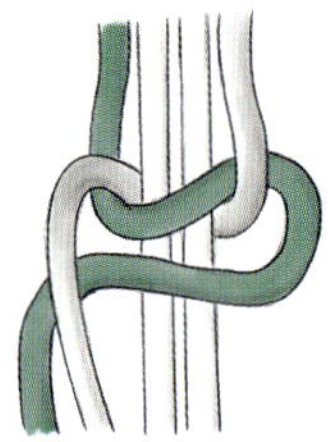

3. Der linke Arbeitsfaden liegt nun auf der rechten Seite und wird horizontal über die beiden Füllfäden und unter den rechten (liegt nun links) Arbeitsfaden gelegt.

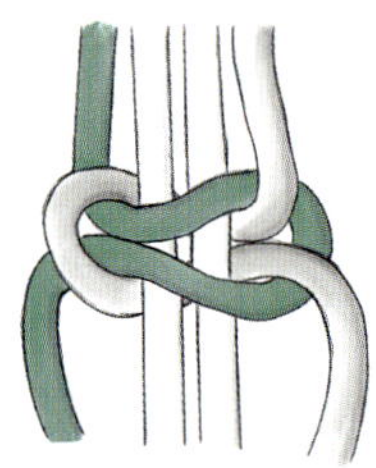

4. Der rechte Arbeitsfaden (liegt links) wird unter beide Füllfäden und über den linken Arbeitsfaden gelegt. Ziehe den Knoten fest.

ABNEHMENDES KREUZKNOTENMUSTER

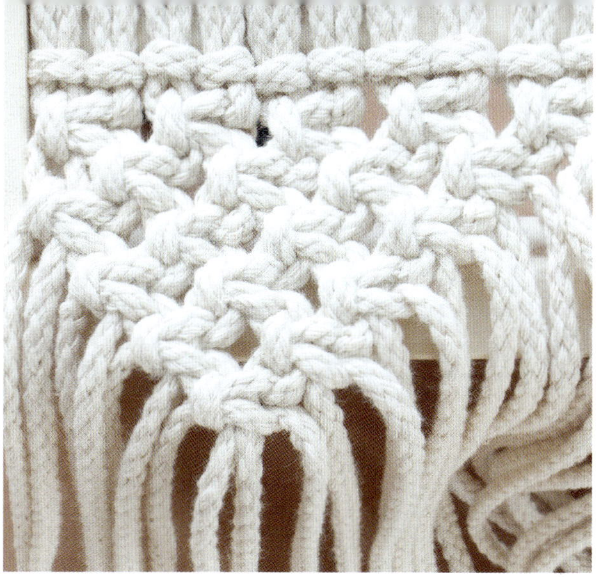

Mit Kreuzknoten lässt sich ein sehr schönes Muster erzeugen. In dem folgenden Beispiel wird von drei Kreuzknoten ausgegangen. Die Anzahl der Kreuzknoten kann variieren – die Technik bleibt jedoch immer gleich.

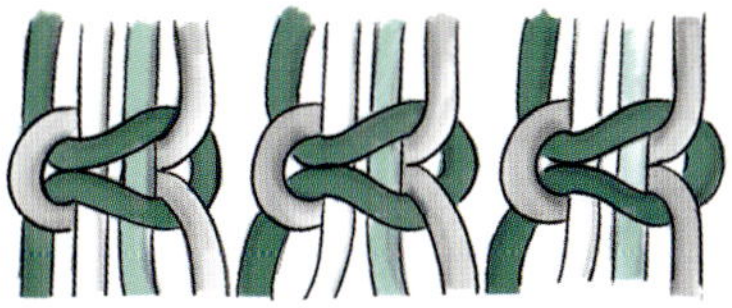

1. Knüpfe eine Reihe mit drei Kreuzknoten.

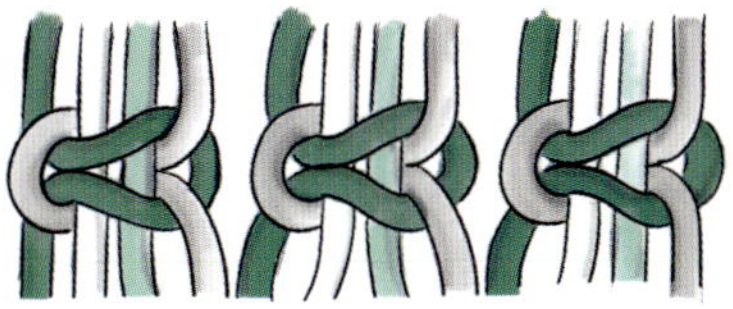

2. Lass nun jeweils links und rechts die äußeren zwei Fäden weg und knüpfe mit den restlichen Fäden eine Reihe mit zwei Kreuzknoten.

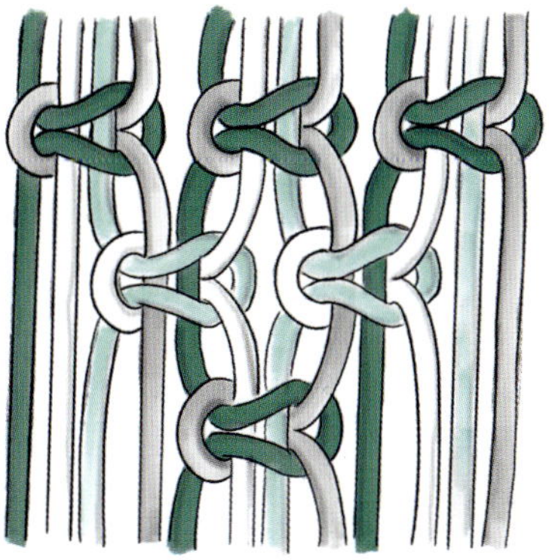

3. Diesmal lässt du links und rechts jeweils zwei Fäden weg und knüpfst einen Kreuzknoten aus den mittleren vier Fäden.

BERRY KNOT

Der Berry Knot besteht aus vier Kreuzknoten und einem kleinen Trick, der für die Fülle sorgt.

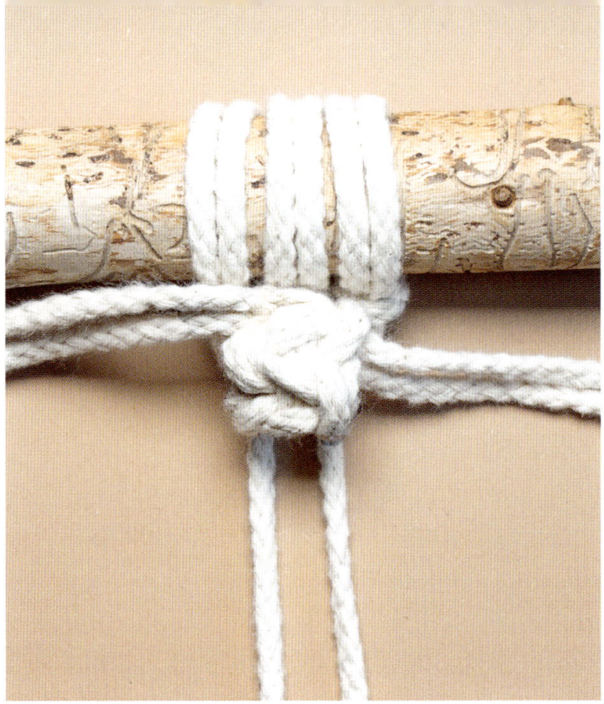

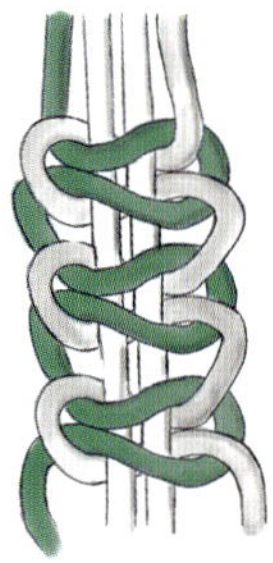

1. Knüpfe zunächst drei Kreuzknoten hintereinander und ziehe diese gut fest.

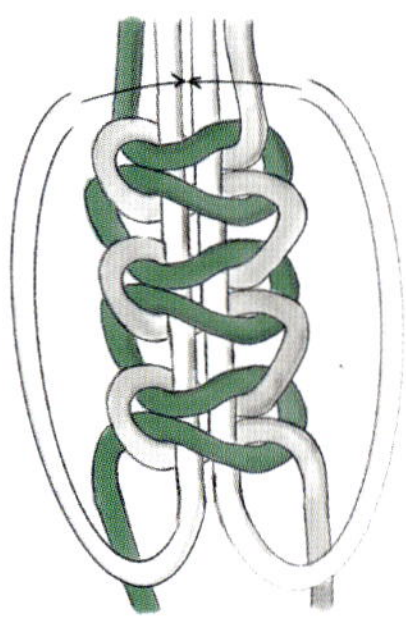

2. Die Enden der zwei Füllfäden werden nun über die Kreuzknoten von vorn nach hinten durch die Mitte der vier Fäden gezogen.

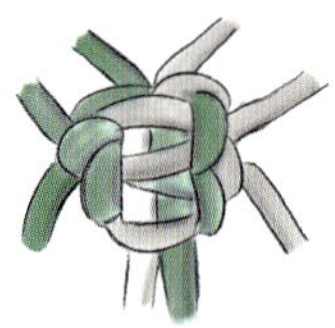

3. Ziehe die beiden Füllfäden so weit nach unten, dass die drei Kreuzknoten sich zu einer Kugel aufrollen. Knüpfe dann einen weiteren Kreuzknoten, um die Knotenkugel zu sichern.

ABBINDEKNOTEN

Ein Abbindeknoten gibt einen schönen Abschluss und wird häufig dazu verwendet, alle Fäden zusammenzufassen. Hierfür benötigst du immer zusätzlich ein kleines Stück Faden. Die Länge hierfür ist nicht in den Anleitungen angegeben, da es darauf ankommt, wie breit du den Abschluss machen möchtest.

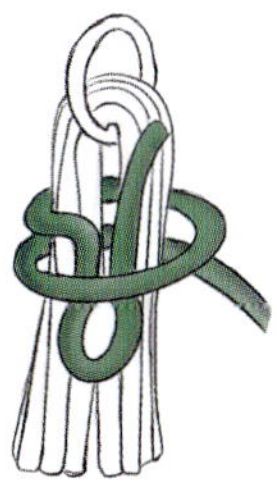

1. Setze das eine Ende des Fadens an die anderen Fäden an. Lege mit dem Faden eine Schlaufe nach unten und lege das lange Ende einmal um alle Fäden.

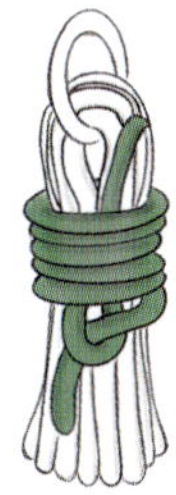

2. Wickle das lange Ende so oft um die Fäden, wie es dir gefällt. Allerdings nicht so oft, dass du die Schlaufe nicht mehr siehst. Fädle das lange Ende des Fadens in die Schlaufe unten ein.

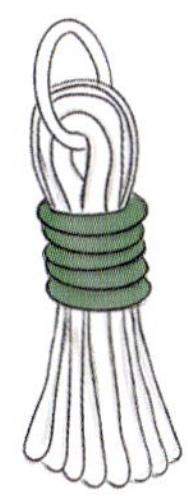

3. Ziehe oben am anderen Ende des Fadens so lang, bis die Schlaufe und das dort hineingesteckte andere Ende verschwunden sind. Kürze das obere Ende.

HALBER SCHLAG

Der halbe Schlag ist ein Knoten, der aus zwei Fäden besteht: einem Arbeits- und einem Füllfaden. Der Arbeitsfaden kann aber bei Bedarf auch um mehrere Füllfäden geknotet werden. Ein halber Schlag kann diagonal, horizontal oder vertikal geknüpft werden.

Den Füllfaden mit der linken Hand straff halten. Den Arbeitsfaden mit der rechten Hand einmal um den Füllfaden legen und durch die entstandene Schlinge ziehen.

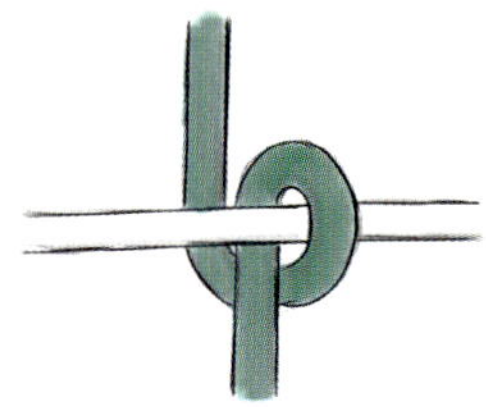

HALBER SCHLAG VERTIKAL

Hier werden zwei Füllfäden und ein Arbeitsfaden verwendet.

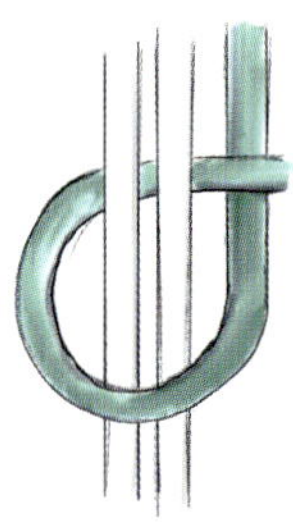

1. Halte die beiden linken Fäden straff nach unten. Lege den rechten Faden einmal über die beiden linken Fäden und am Ende über den rechten Faden.

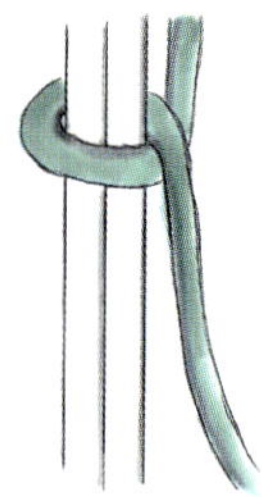

2. Ziehe den Knoten fest.

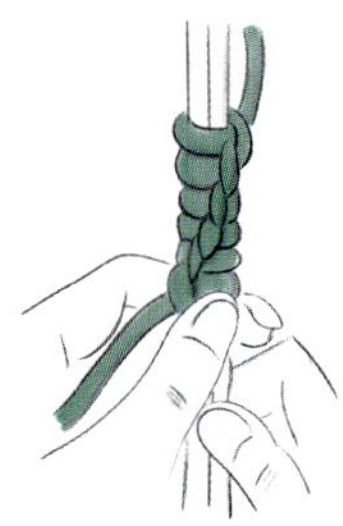

3. So sieht eine Reihe mit mehreren halben Schlägen nacheinander aus.

DOPPELTER HALBER SCHLAG HORIZONTAL, DIAGONAL UND VERTIKAL

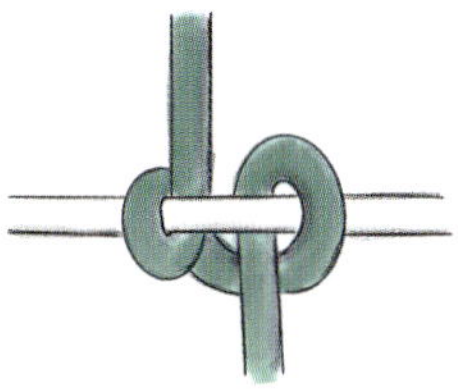

1. Hier werden zwei halbe Schläge hintereinander geknüpft. Den Arbeitsfaden dafür um den Füllfaden legen und durch die entstandene Schlinge ziehen. Knoten dann gut festziehen. Jetzt das Ganze wiederholen.

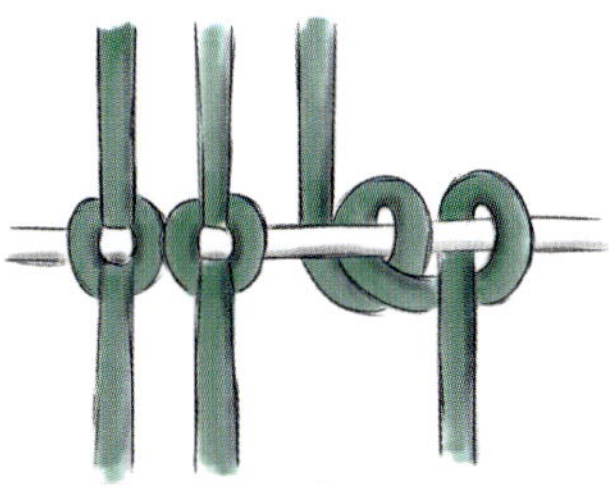

2. Zwei doppelte halbe Schläge horizontal.

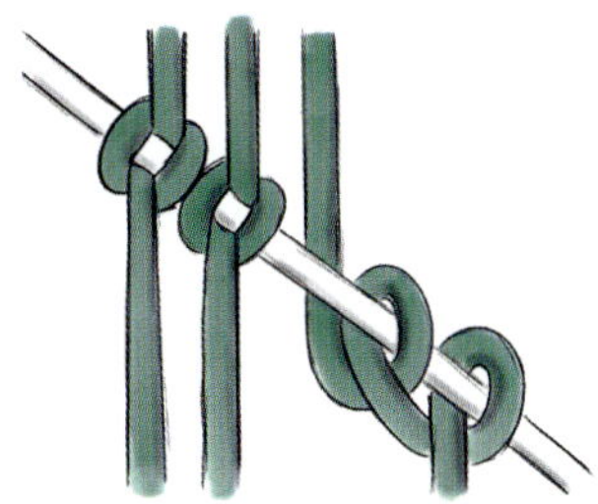

3. Zwei doppelte halbe Schläge diagonal.

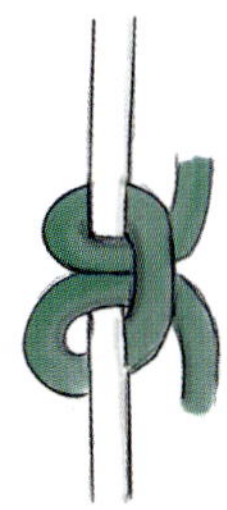

4. Zwei halbe Schläge vertikal.

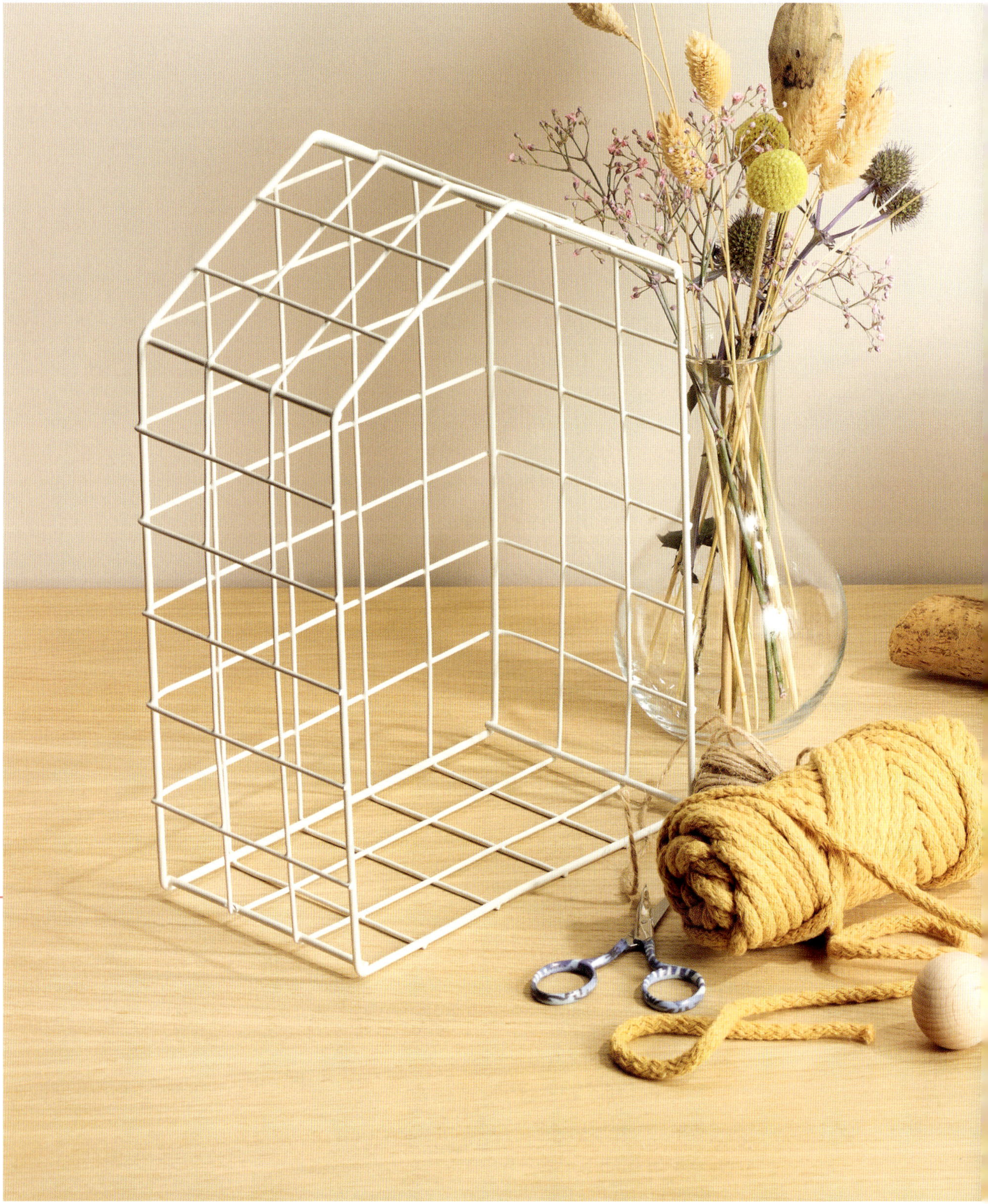

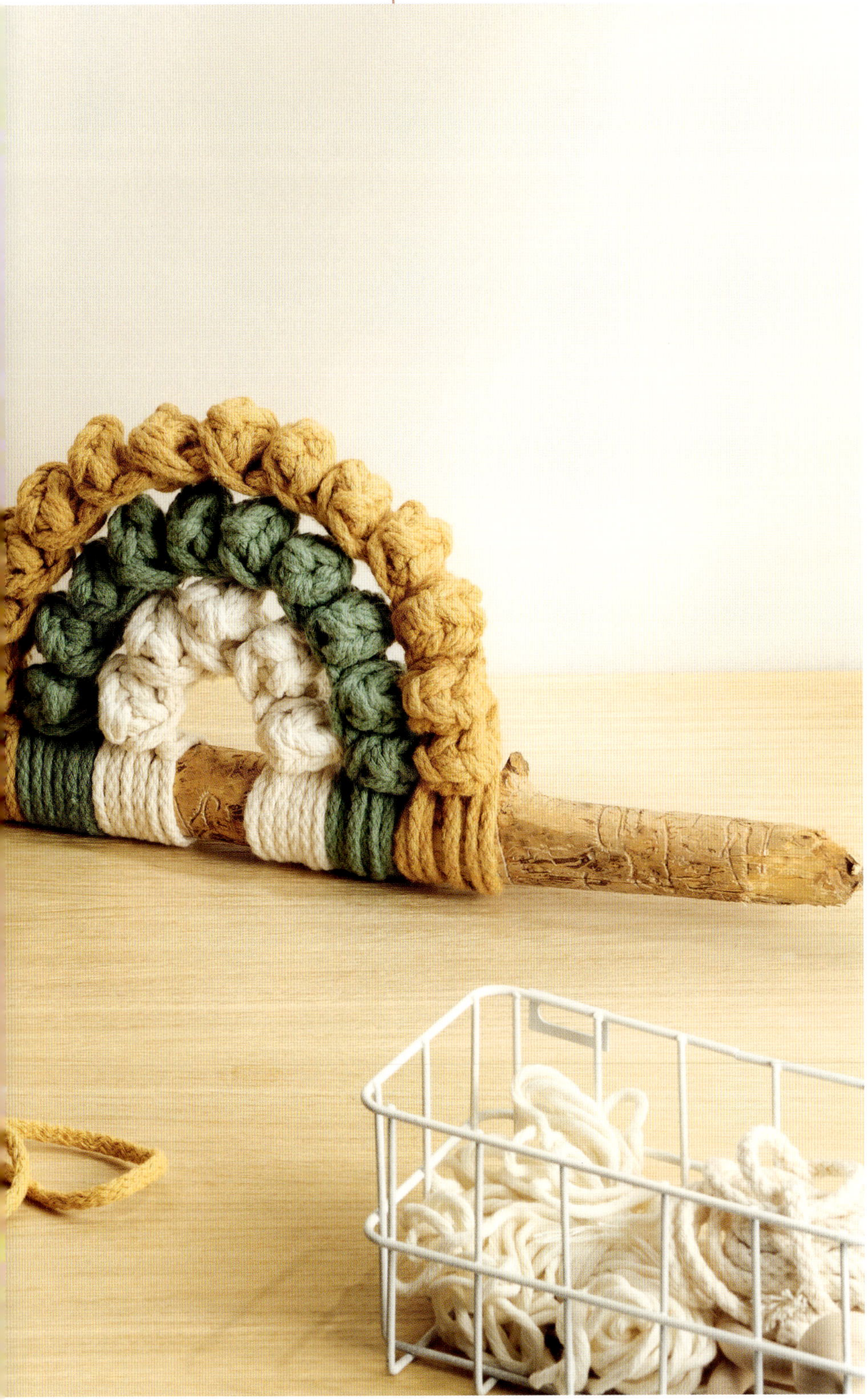

PROJEKTE

Blumen, die von Herzen kommen.

HERZ - Blumenschmuck

MATERIAL

www.pferdeseile.de (Seilwerk Dittus)
Baumwollgarn (geflochten, ø 4 mm)
in Pfirsich/Lachs, 1,8 m
1 Drahtherz ca. 28 cm lang

KNOTENTECHNIKEN:

Umgekehrter Lerchenkopfknoten (S. 14)
Halber Schlag (S. 20)
Kreuzknoten (S. 16)
Halber Knoten (S. 15)

So wird's gemacht

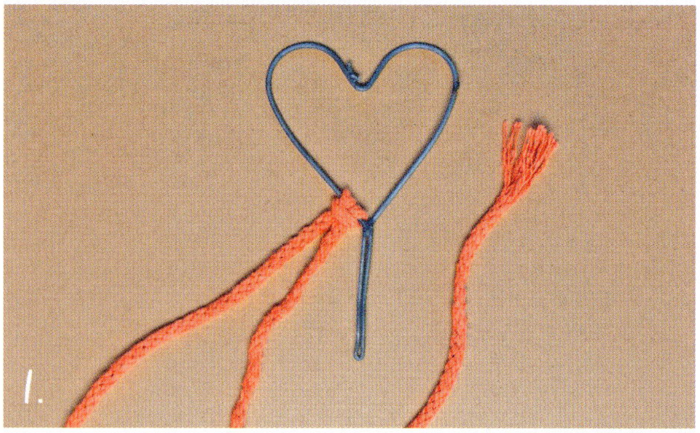

Lege dir die Schnur so, dass du auf der rechten Seite ca. 15 cm hast und auf der anderen Seite den Rest. Befestige die Schnur mit einem umgekehrten Lerchenkopfknoten unten neben dem Stiel.

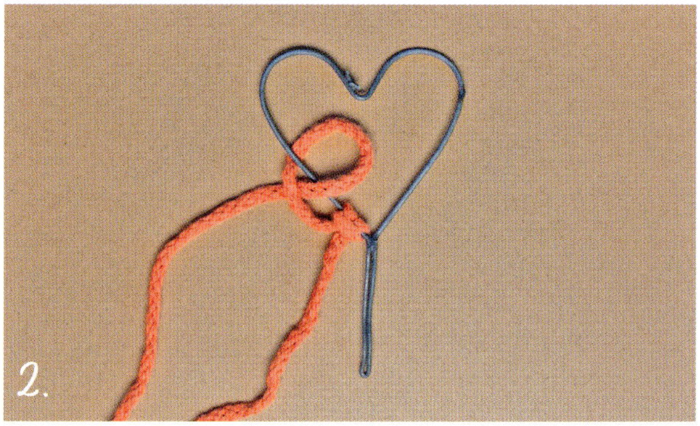

Knote einen halben Schlag. Nutze nur die linke Schnur und lege diese einmal von unten nach oben durch das Herz. Ziehe die Schnur am Ende von oben nach unten durch die entstandene Schlaufe.

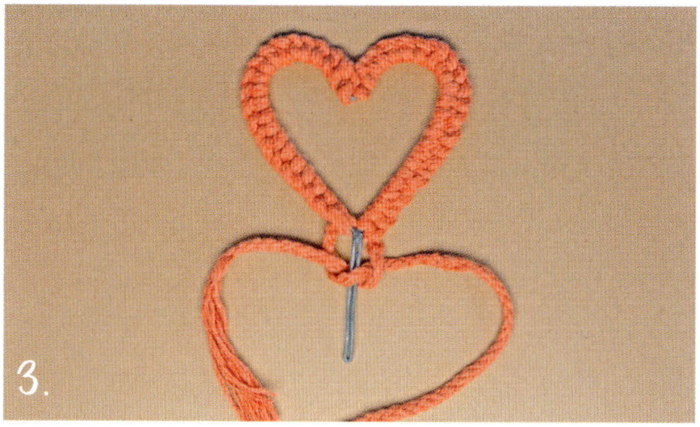

Beginne mit einem Kreuzknoten und knüpfe einmal das Herz entlang bis zur anderen Seite. Knüpfe einen halben Knoten, indem du den Stiel als Füllfäden nutzt.

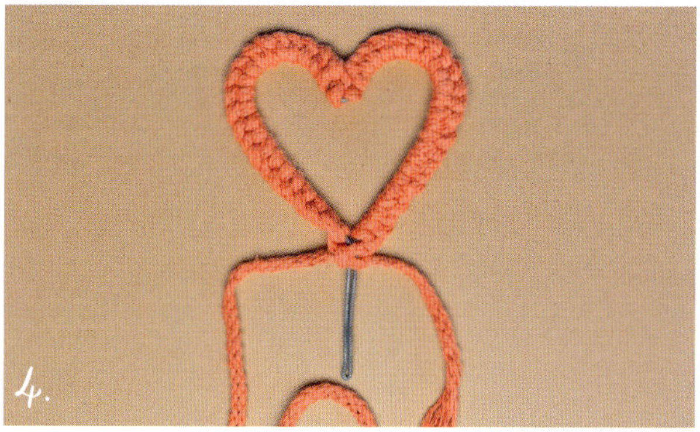

Mit einem weiteren halben Knoten vervollständigst du den Abschluss-Kreuzknoten. Schneide die Schnüre nahe an dem Kreuzknoten ab.

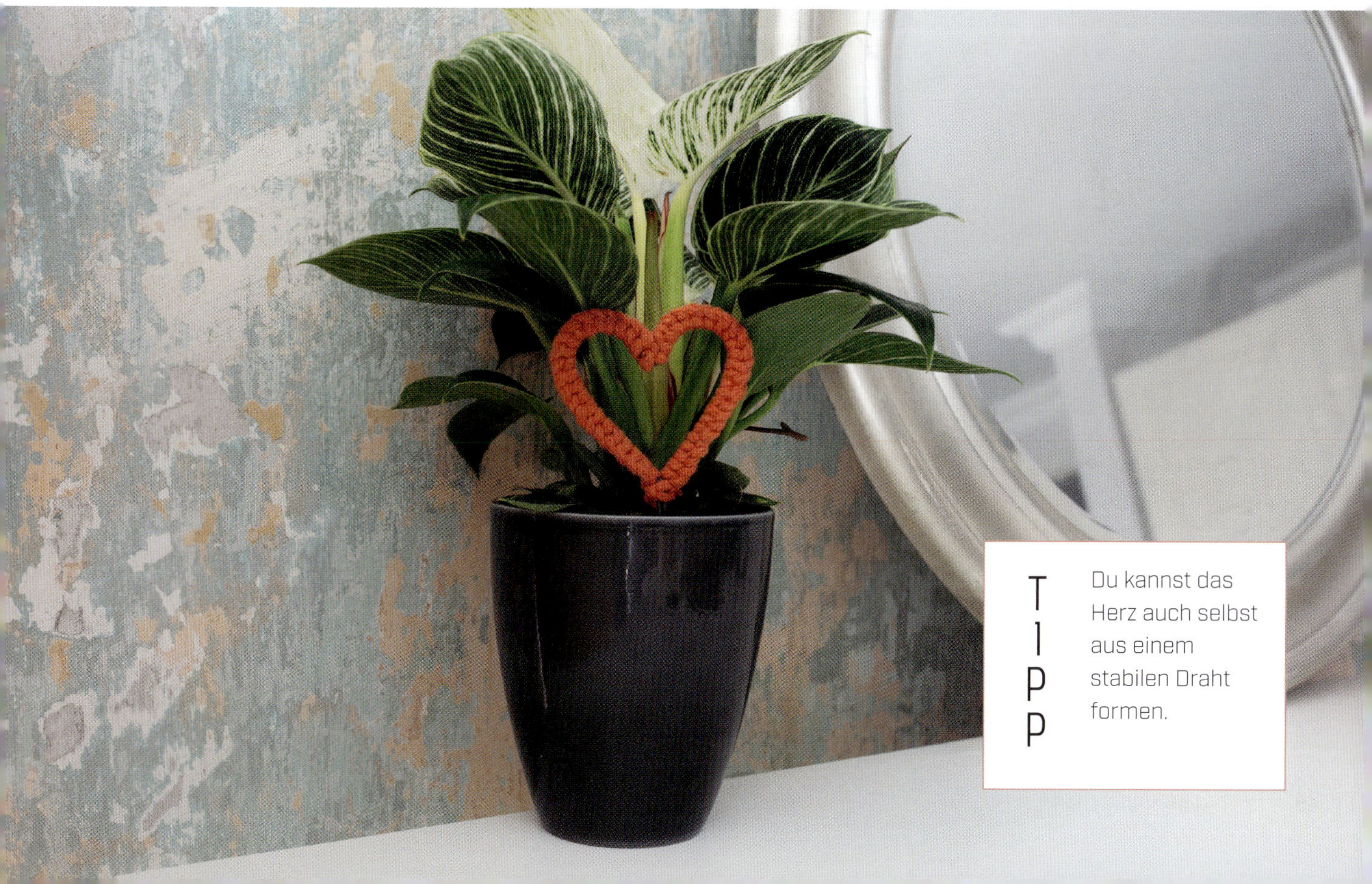

TIPP

Du kannst das Herz auch selbst aus einem stabilen Draht formen.

So kannst du deinen Lieblingsstein immer bei dir tragen.

EDELSTEIN-anhänger

MATERIAL

www.pferdeseile.de (Seilwerk Dittus

Baumwollgarn (gedreht, ø 2 mm)

in Natur, 3,15 m

1 Edelstein

1 Perle ø mind. 2 mm

KNOTENTECHNIKEN:

Umgekehrter Lerchenkopfknoten (S. 14)

Kreuzknoten (S. 16)

Versetzter Kreuzknoten (S. 17)

Halber Schlag (S. 20)

So wird's gemacht

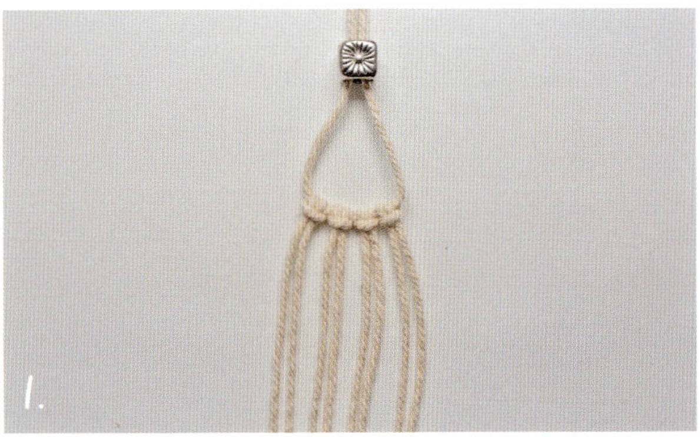

Schneide vier Schnüre mit je 60 cm und eine Schnur mit 75 cm zu. Lege die 75 cm lange Schnur mittig und fädle beide Enden durch die Perle, sodass am Ende eine Schlaufe entsteht. Knüpfe die vier anderen Schnüre mit umgekehrten Lerchenkopfknoten an die Schlaufe.

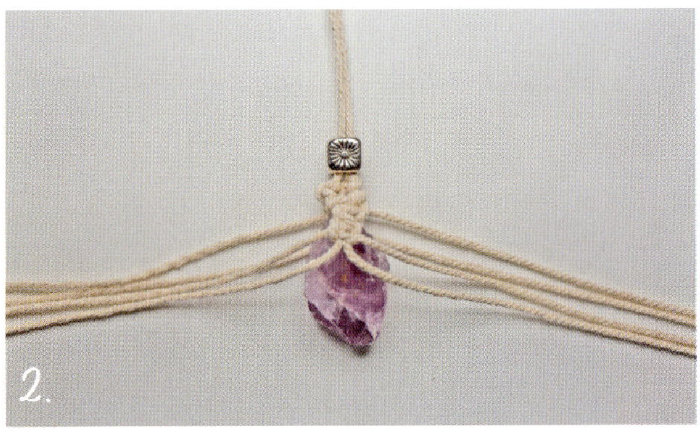

Teile die insgesamt acht Schnüre in zwei Teile (je vier Schnüre) und knüpfe mit jedem der Teile insgesamt zwei Kreuzknoten. Lege anschließend deinen Edelstein so in das Makramee, das zwei Kreuzknoten auf und zwei Kreuzknoten unter dem Stein liegen.

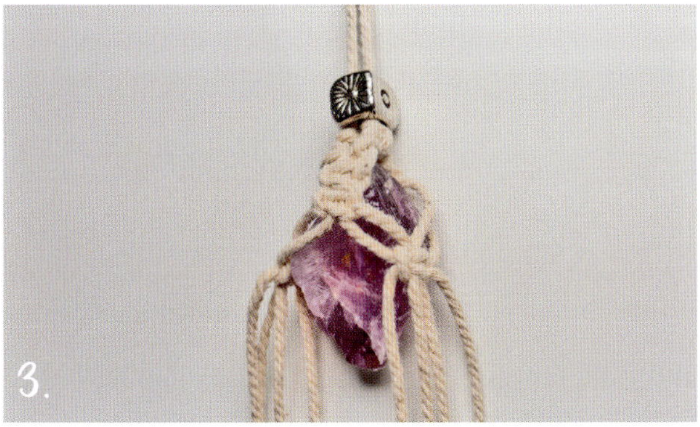

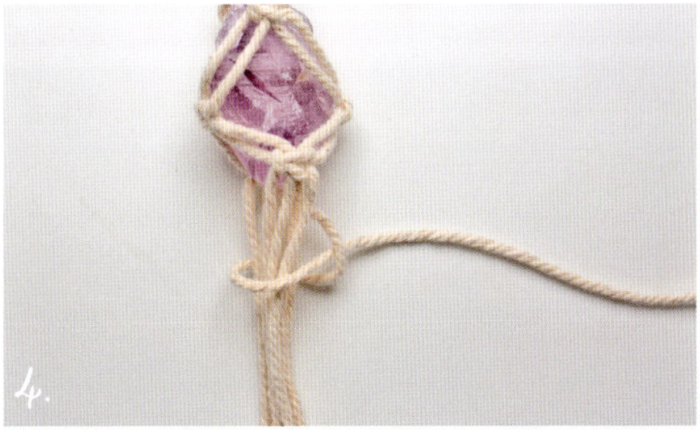

Knüpfe versetzt zu den bisherigen Kreuzknoten mit je zwei Schnüren der oberen und je zwei Schnüren der unteren zwei Kreuzknoten einen weiteren Kreuzknoten auf beiden Seiten.

Knote einen Kreuzknoten unterhalb der zwei Kreuzknoten aus Schritt 2.

Fasse alle Schnüre unten dicht an dem Stein zusammen, wähle eine der längeren Schnüre und knote drei halbe Schläge. Verknote die Schnur am Ende mit einer anderen und kürze die Schnüre.

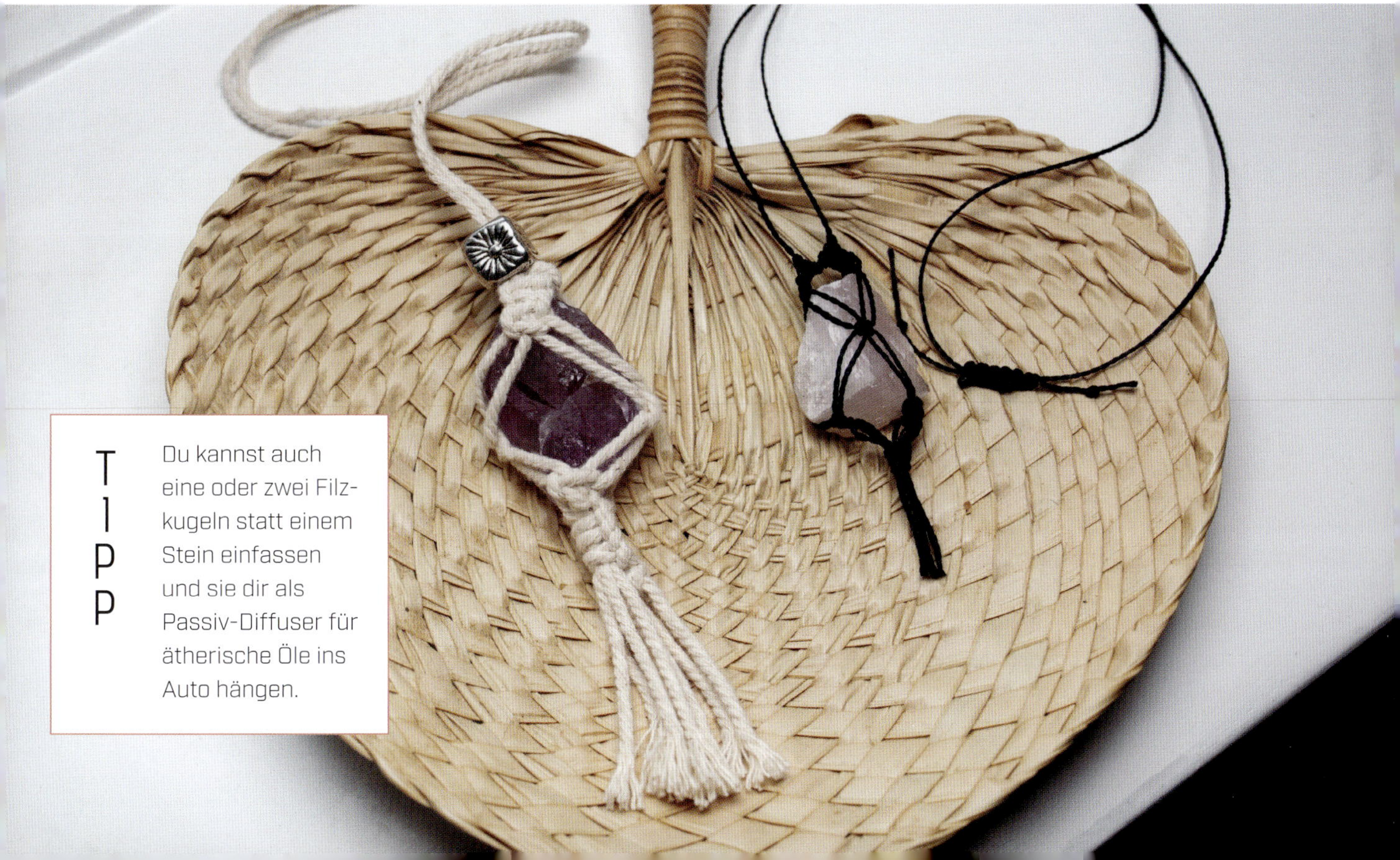

TIPP

Du kannst auch eine oder zwei Filzkugeln statt einem Stein einfassen und sie dir als Passiv-Diffuser für ätherische Öle ins Auto hängen.

Ein Kranz, den du für jede Jahreszeit nutzen und neu dekorieren kannst.

MAKRAMEE-Kranz

MATERIAL

www.pferdeseile.de (Seilwerk Dittus)

Baumwollgarn (geflochten, ø 4 mm)

in Vanille, 10 m

1 Ring ø 25 cm

Blumenbindedraht

Trockenblumen z. B. Eukalyptuszweige, Gräser, Mohnkapseln, Silberdisteln, Schleierkraut

KNOTENTECHNIKEN:

Umgekehrter Lerchenkopfknoten (S. 14)

Halber Knoten (S. 15)

TIPP

Für einen Adventskranz einfach vier Stabkerzenhalter mit Kleber auf dem Kranz fixieren und hübsch mit ein paar kleinen Zweigen und Beeren oder mit Trockenblumen dekorieren.

So wird's gemacht

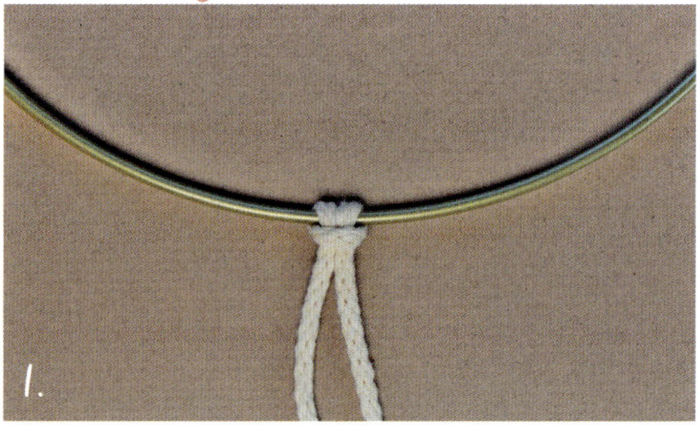

Lege die Schnur mittig und knüpfe sie mit einem umgekehrten Lerchenkopfknoten an den Ring.

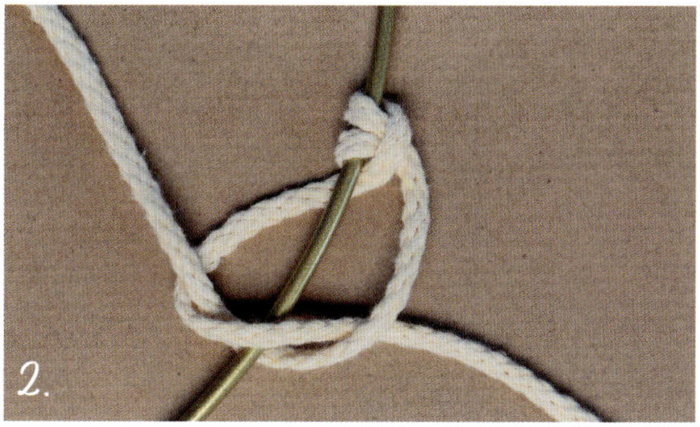

Knote einen halben Knoten. Lege dazu die rechte Schnur unter dem Ring hindurch und über die linke Schnur. Lege die linke Schnur anschließend über den Ring und unter die rechte Schnur.

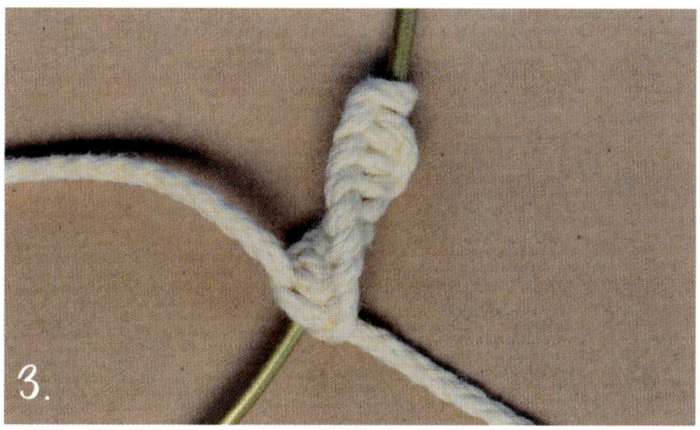

Knüpfe halbe Knoten einmal den Ring entlang. Dadurch entsteht ein schönes Spiralmuster.

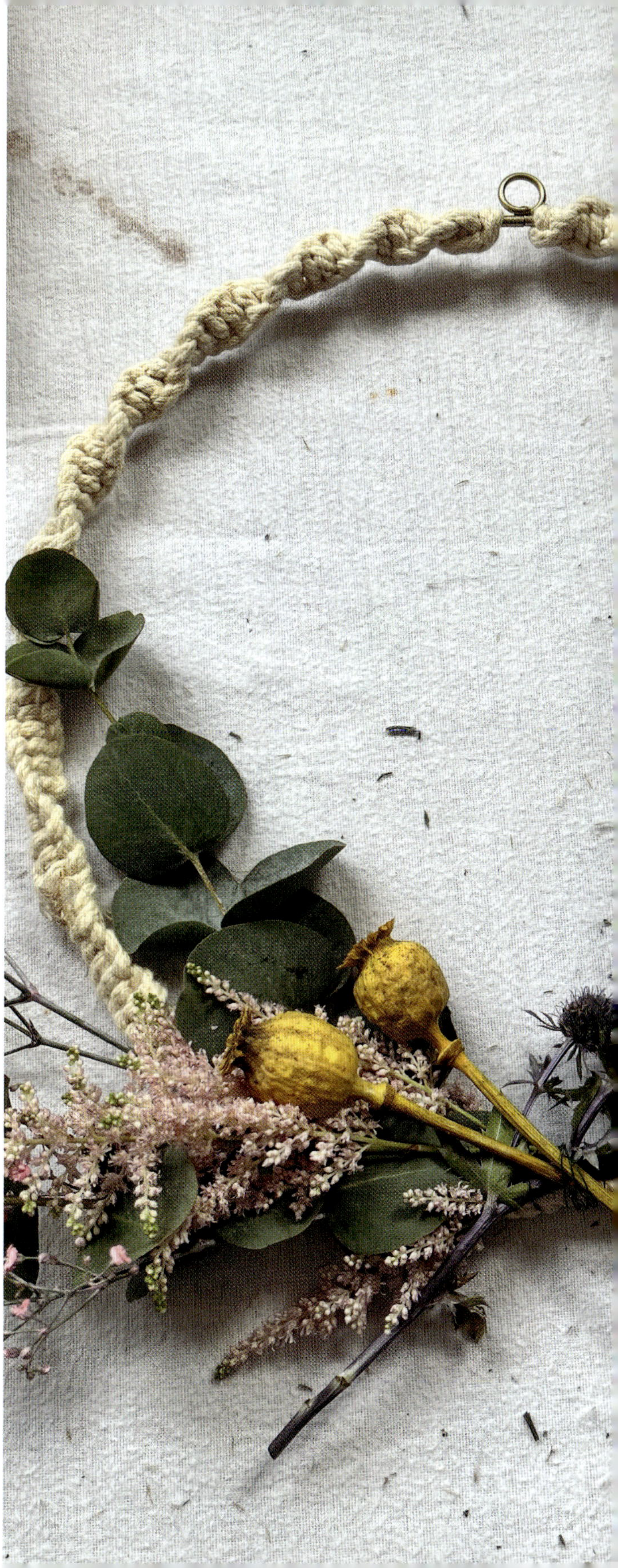

So geht's weiter

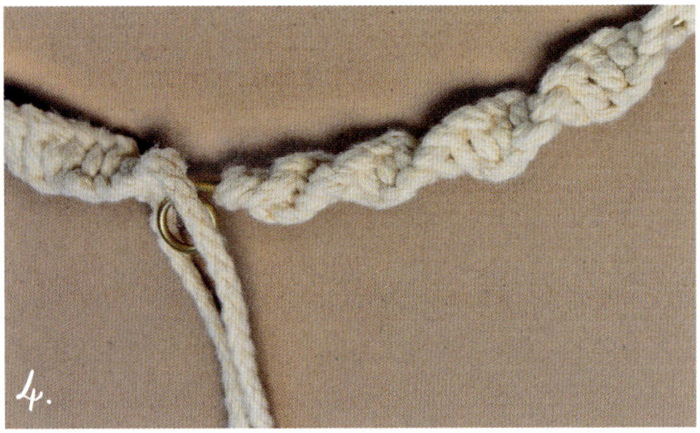

Wenn du einmal rundherum geknüpft hast, schneide die Enden der Schnur ab und fixiere sie mit Kleber, damit sie nicht aufgehen.

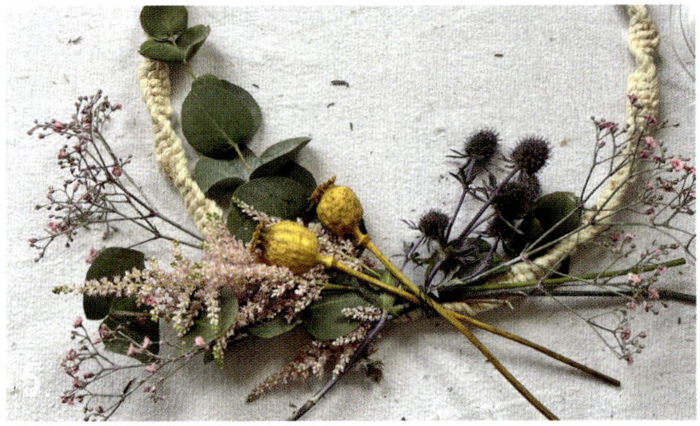

Binde aus den Trockenblumen zwei ungefähr gleich große Sträußchen, lege sie über Kreuz auf den Kranz und binde sie mittig mit dem Blumenbindedraht fest.

TIPP

Als Trockenblumen eignen sich z. B. gut: Mohnkapseln, Schleierkraut, Silberdiesteln, Eukalyptus, Trommelstöckchen oder Gräser. Wenn du ein Farbkonzept verfolgst, kannst du die Blumen vorher auch noch mit farbigem Sprühlack verzieren.

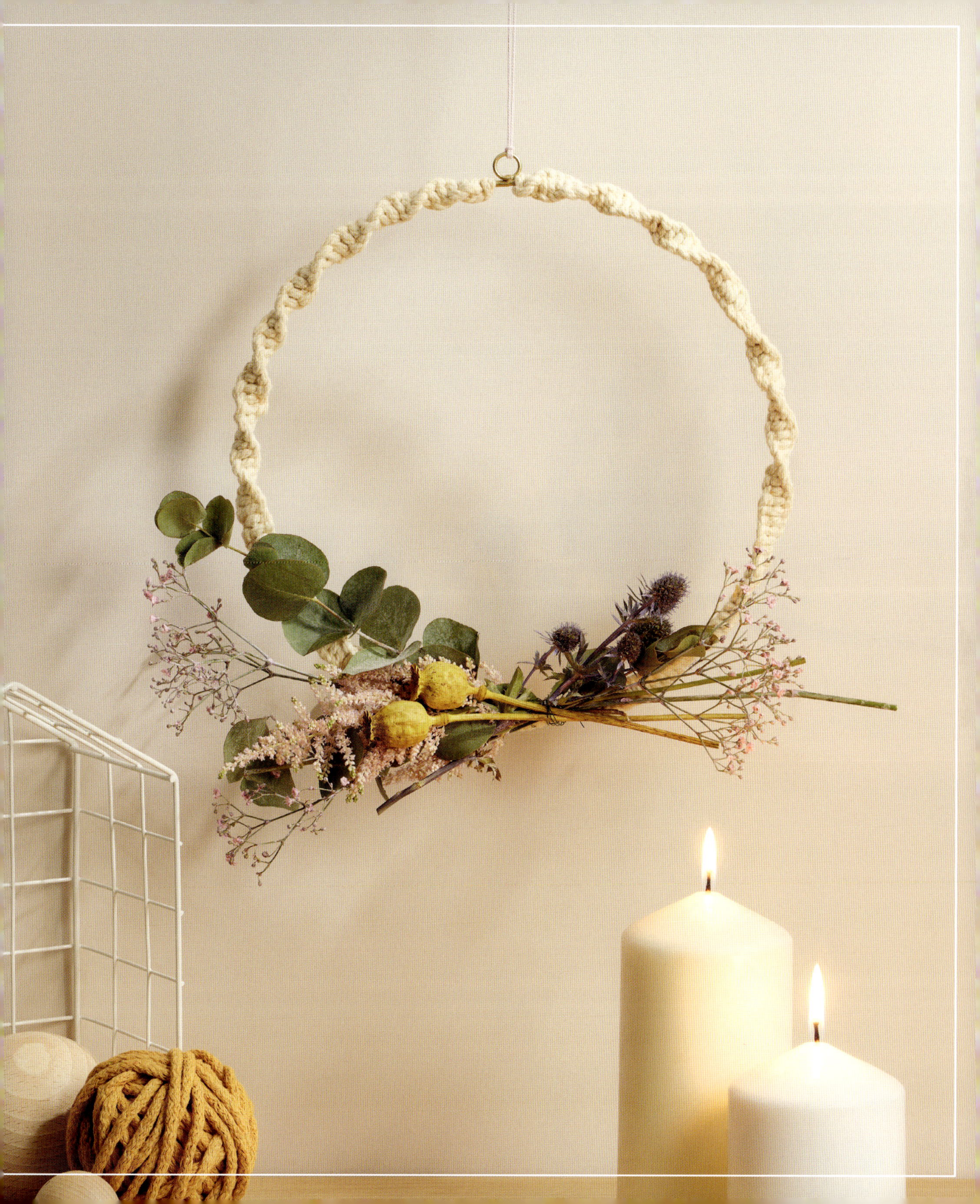

Mit dieser Blumenampel kannst du
deine Pflanzen ab jetzt überall aufhängen.

SCHNELLE Blumenampel

MATERIAL

www.pferdeseile.de (Seilwerk Dittus)
Baumwollgarn (geflochten, ø 4 mm)
in Natur, 19,6 m
1 Ring (ø 3 cm)
Heißkleber

KNOTENTECHNIKEN:

Umgekehrter Lerchenkopfknoten (S. 14)
Kreuzknoten (S. 16)
Halber Schlag (S. 20)
Halber Knoten (S. 15)
Abbindeknoten (S. 19)

So wird's gemacht

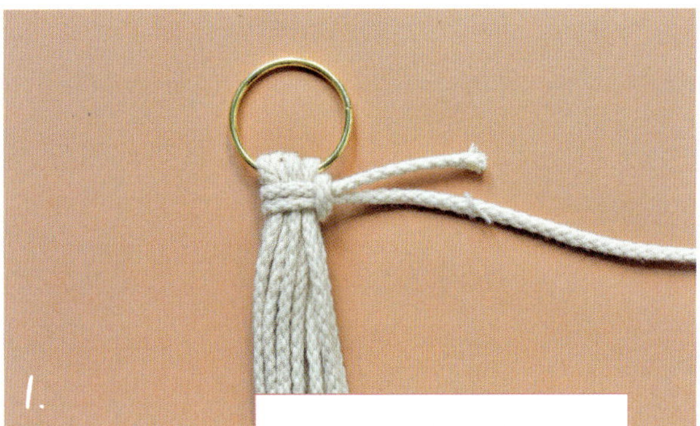

TIPP

Du kannst auch ein Windlicht statt einem Blumentopf verwenden.

Schneide sechs Schnüre mit je 3 m und zwei Schnüre mit je 80 cm zu.

Lege die 3 m langen Schnüre mittig durch den Ring. Nimm eine 80 cm lange Schnur und knüpfe sie mit einem umgekehrten Lerchenkopfknoten um die Schnüre. Lege die Schnur so, dass das obere Ende ca. 2 cm lang ist. Knüpfe anschließend mit dem langen Ende zehn halbe Schläge um die Schnüre herum.

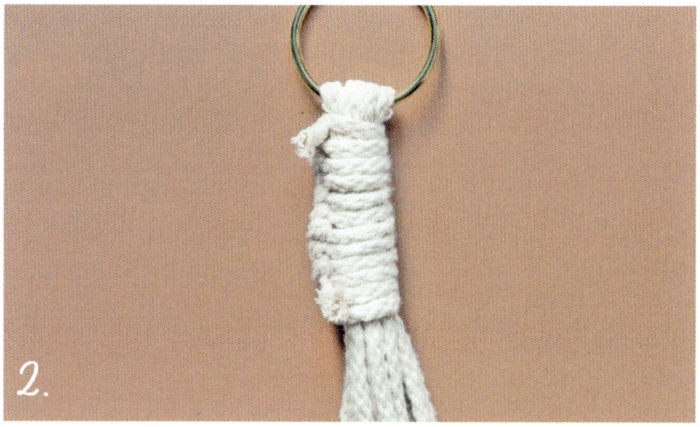

Kürze beide Enden und klebe sie mit Heißkleber fest.

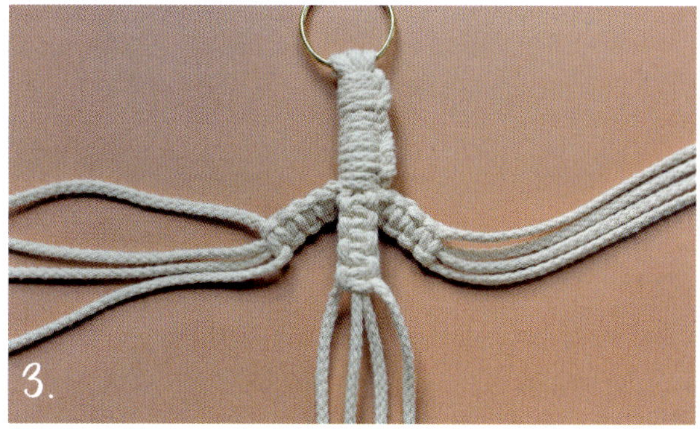

Teile die Schnüre in drei Paare zu je vier Schnüren. Knüpfe mit jedem Teil vier Kreuzknoten.

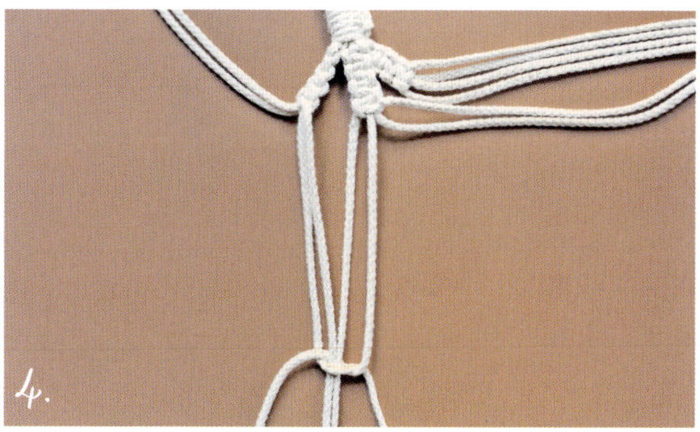

Nimm jeweils zwei Schnüre eines Kreuzknotens und knüpfe 18 halbe Knoten. Beginne 12 cm unter dem letzten Kreuzknoten.

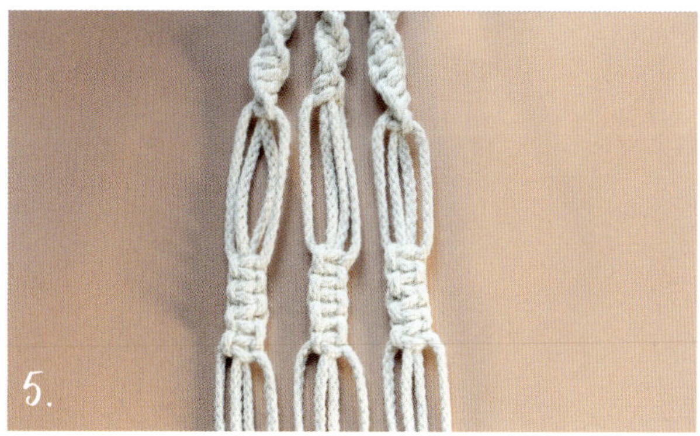

Lass 6 cm frei und knote wieder vier Kreuzknoten hintereinander.

So geht's weiter

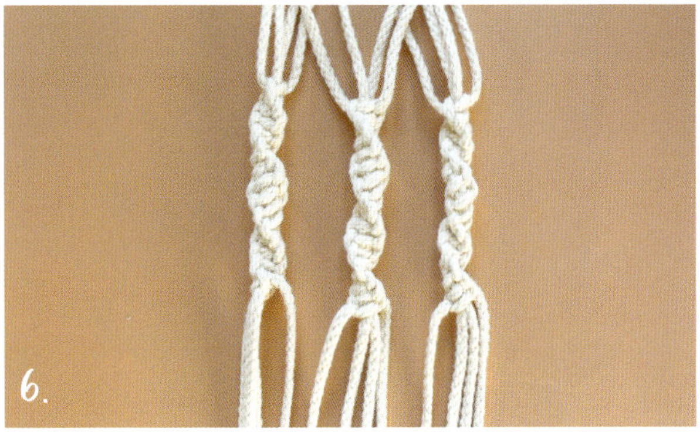

Wiederhole Schritt 4.

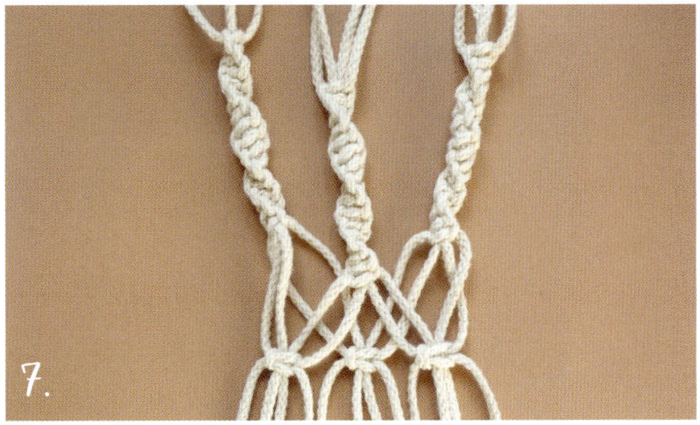

Nimm jeweils zwei Schnüre aus einem Halbknoten-Strang und knüpfe einen Kreuzknoten 6 cm unterhalb des letzten halben Knotens.

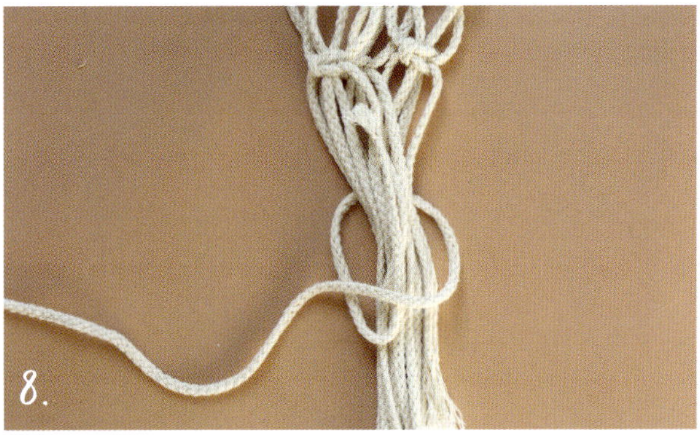

Am besten setzt du jetzt deinen Blumentopf in die Blumenampel und nimmst unten alle Enden zusammen. Merke dir, auf welcher Höhe die Schnüre zusammenkommen. Knote einen Abbindeknoten mit der übrigen 80 cm langen Schnur um alle Schnüre. Kürze die Enden auf die gewünschte Länge.

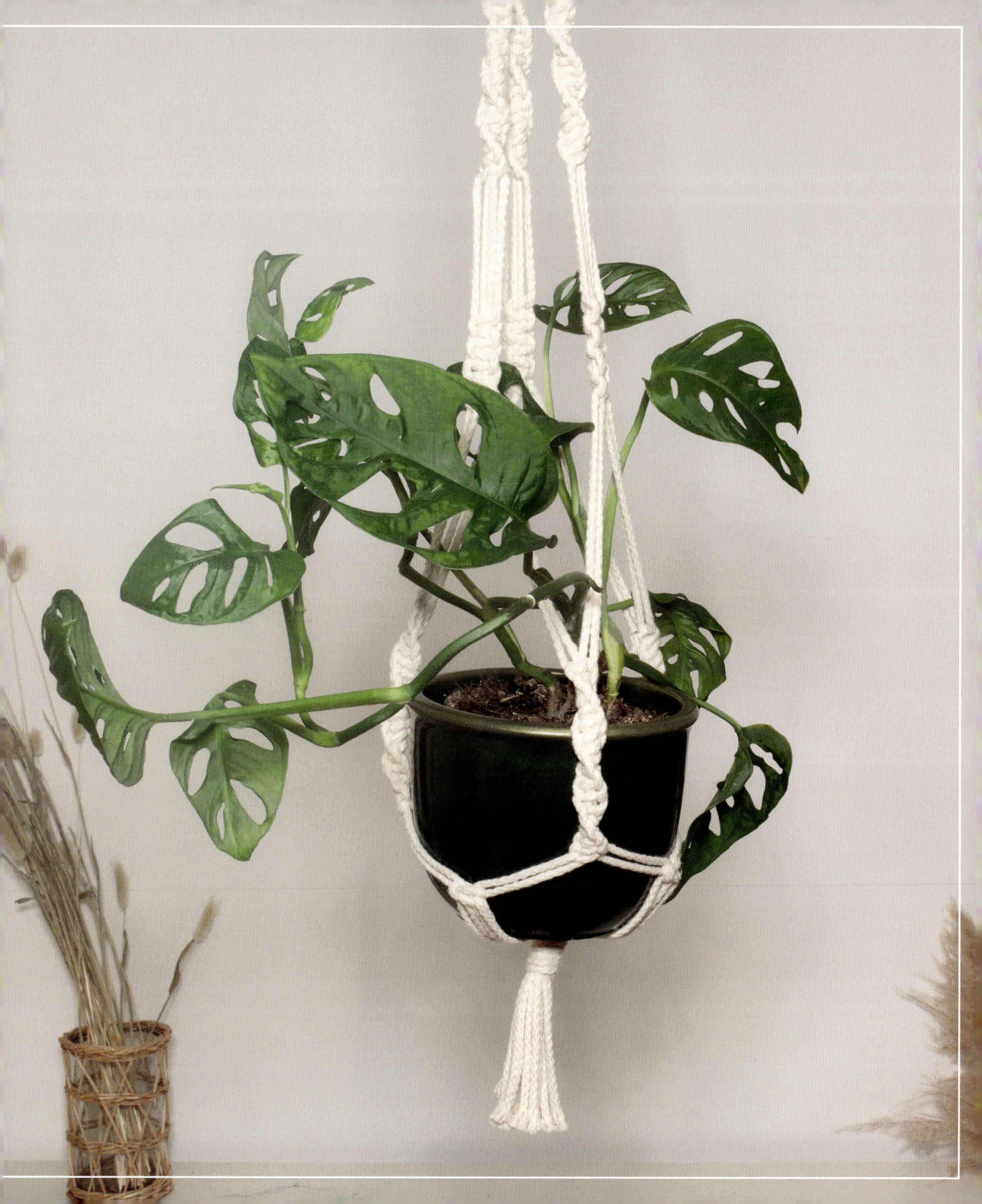

Klein, aber mit großer Wirkung.

LOTUSBLUMEN-*ohrringe*

MATERIAL

Linhasita Wachsgarn (ø 1 mm) in Khaki, 1,6 m
4 Perlen ø 2 mm
2 Ohrringhaken
2 Anhänger
Feuerzeug

KNOTENTECHNIKEN:

Kreuzknoten (S. 16)
Berry Knot (S. 18)
Halber Schlag (S. 20)

So wird's gemacht

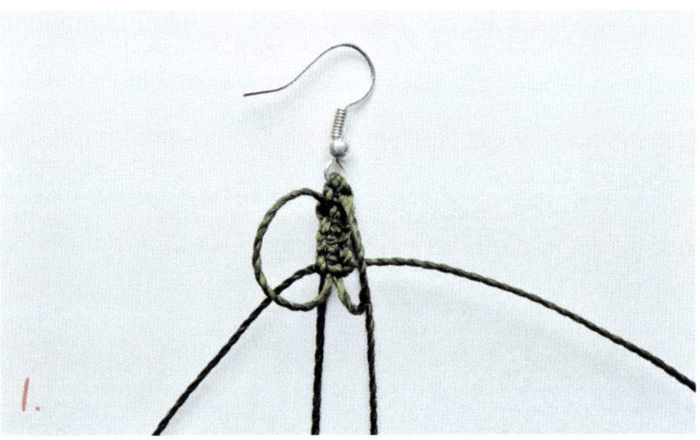

Schneide zwei Schnüre mit je 80 cm zu und fädle diese mittig durch die Schlinge des Ohrringhakens. Knüpfe einen Kreuzknoten.

Knüpfe einen Berry Knot mit drei Kreuzknoten. Befestige die so entstandene kleine Kugel am Ende mit einem Kreuzknoten.

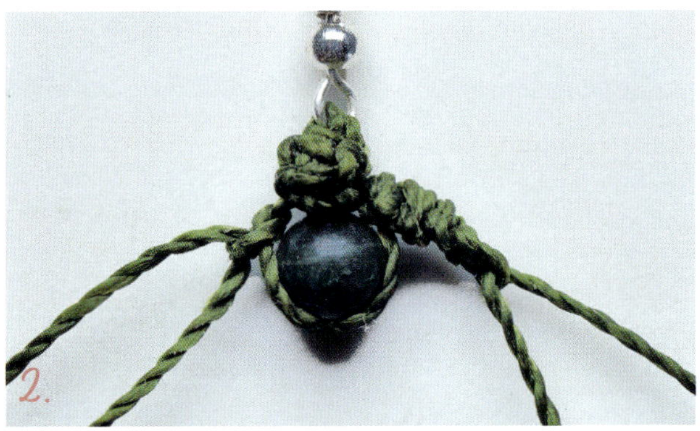

Fädle eine Perle auf die beiden Füllfäden auf. Nimm die beiden rechten Schnüre und knüpfe insgesamt sechs halbe Schläge mit dem inneren Faden (Arbeitsfaden) um den äußeren Faden (Füllfaden).

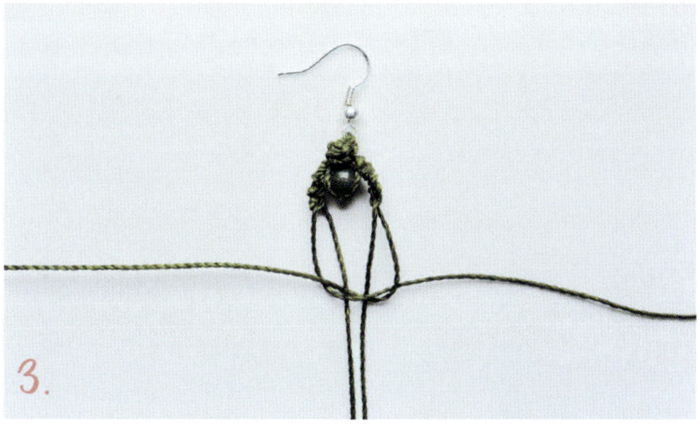

3.

Knüpfe auf der linken Seite ebenfalls sechs halbe Schläge, wie in Schritt 2 beschrieben. Verbinde alle Schnüre unterhalb der Perle mit einem Kreuzknoten.

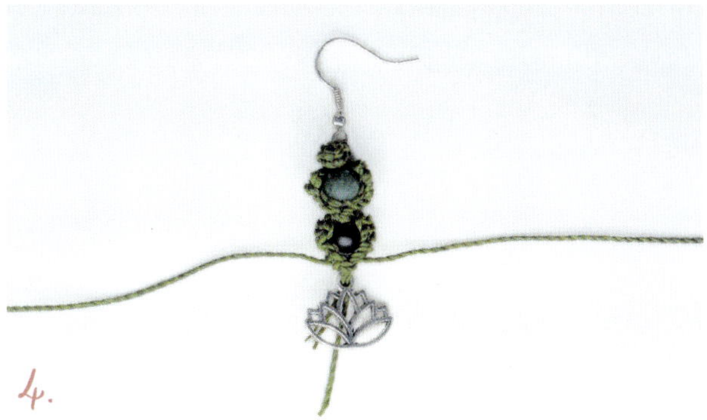

4.

Wiederhole die Schritte 2 und 3 und fädle anschließend den Anhänger auf die mittleren beiden Schnüre auf und verknote diese hinten mit den beiden anderen Schnüren.

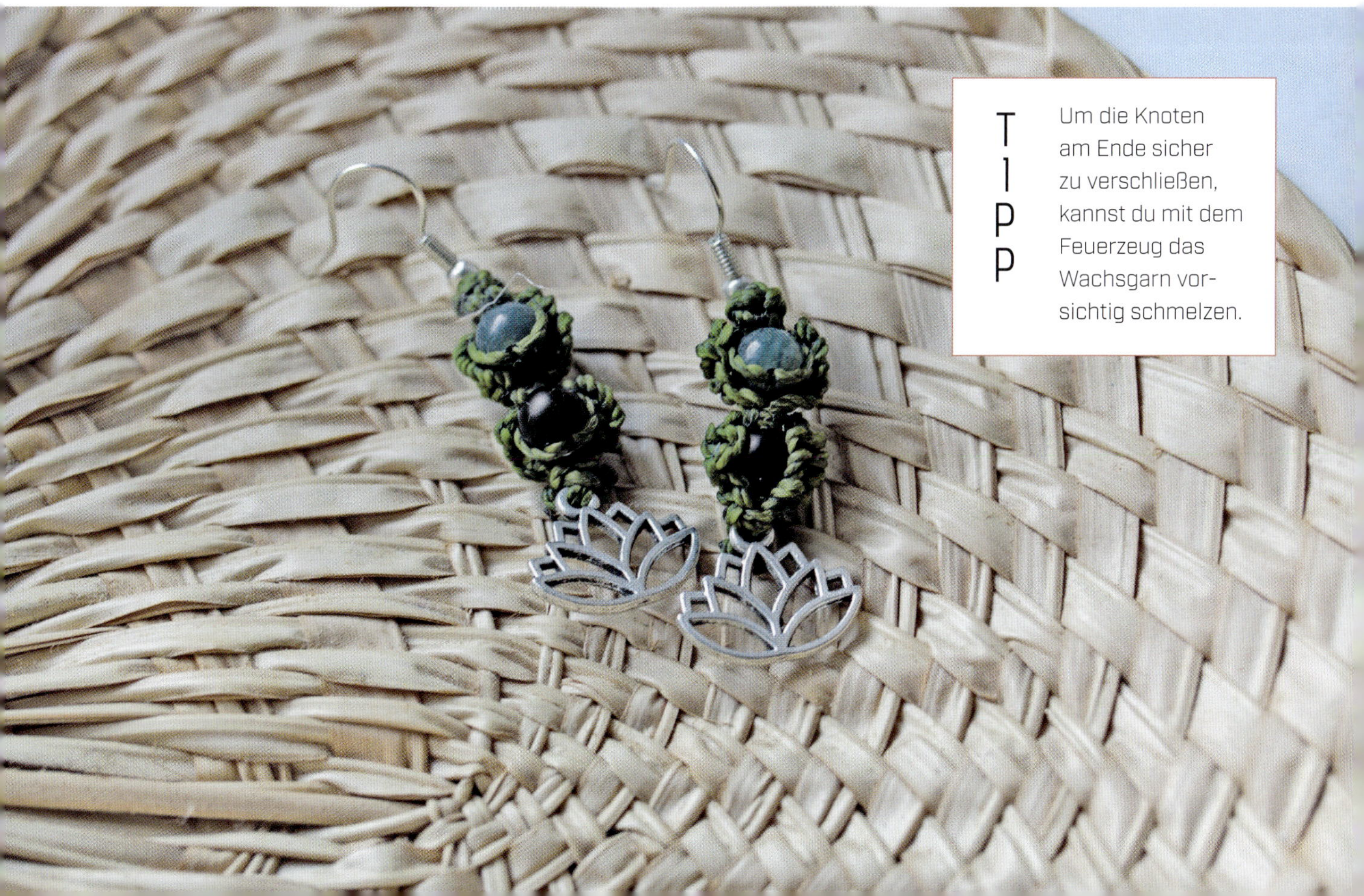

TIPP

Um die Knoten am Ende sicher zu verschließen, kannst du mit dem Feuerzeug das Wachsgarn vorsichtig schmelzen.

Schick umwickelt, kannst du deine langweiligen Kabel aufpeppen.

KABEL-verzierung

MATERIAL

www.pferdeseile.de (Seilwerk Dittus)
Baumwollgarn (geflochten, ø 4 mm) in Olivia/Kamelbraun, 2 m
Baumwollgarn (gezwirnt, ø 4 mm) in Natur/Gold-Glitzer, 2 m
Smartphone-Ladekabel, Heißkleber

KNOTENTECHNIK:

Halber Schlag (S. 20)

So wird's gemacht

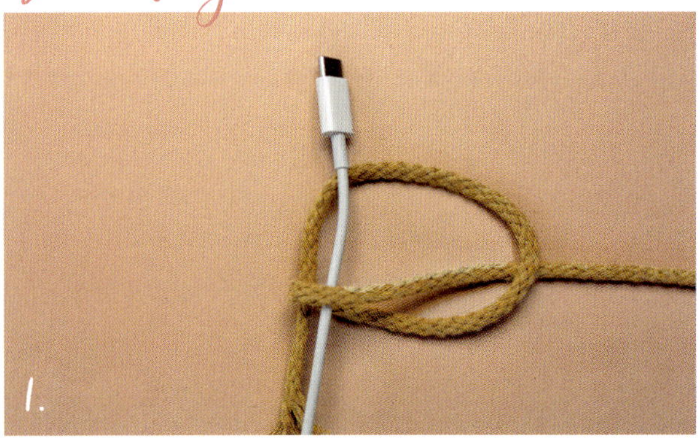

Das Kabel wird mit halben Schlägen umknüpft. Nimm ein Ende der Schnur in Olivia/Kamelbraun (Schnur 1) und lege eine Schlaufe. Das lange Ende nach links legen und das Kabel darauf platzieren.

Lege das lange Ende einmal nach rechts und durch die Schlaufe und ziehe den Knoten fest.

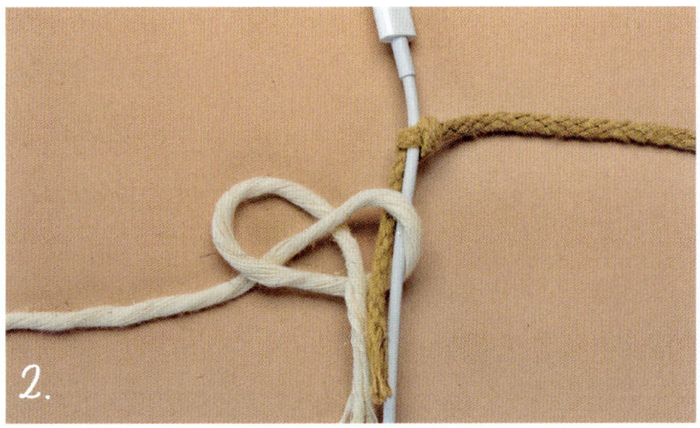

Wiederhole die beiden Schritte mit der Schnur in Natur/Gold-Glitzer (Schnur 2). Lege dabei die lange Schnur nach links über das Kabel und die Schnur in Olivia/Kamelbraun.

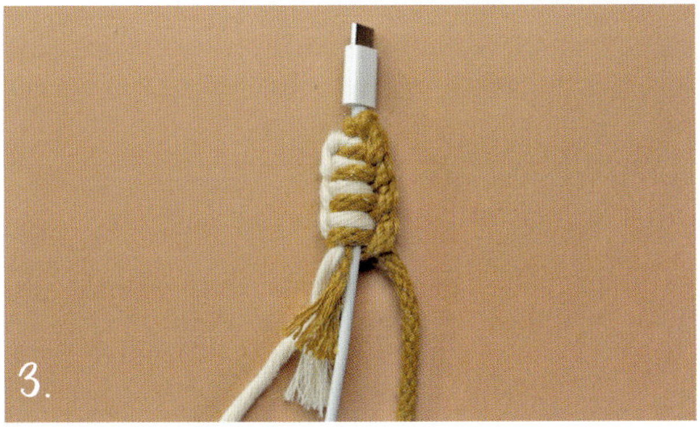

Knüpfe nun abwechselnd weiter bis zum Ende des Kabels. Mithilfe eines Makramee-Boards kannst du das Kabel gut befestigen.

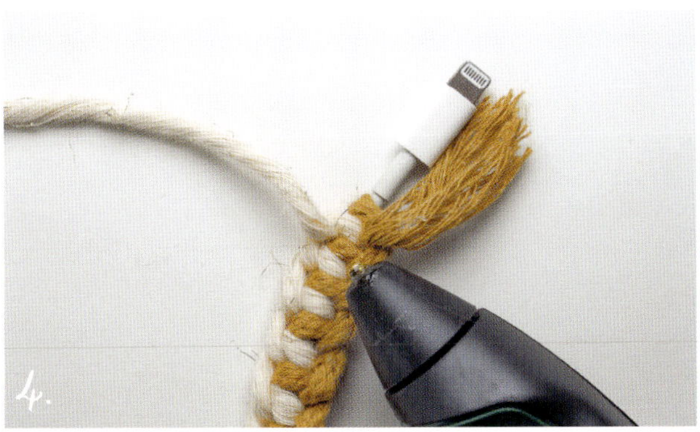

Am Ende angelangt, verklebst du die Schnüre mit Heißkleber und schneidest die Enden ab.
Wichtig: Es darf kein Heißkleber an das Kabel kommen.

TIPP

Um die Länge der Makramee-Schnüre zu ermitteln, nimm immer viermal die Länge des Ladekabels. Mit dieser Faustregel kannst du nun jedes Kabel in jeder Länge verschönern.

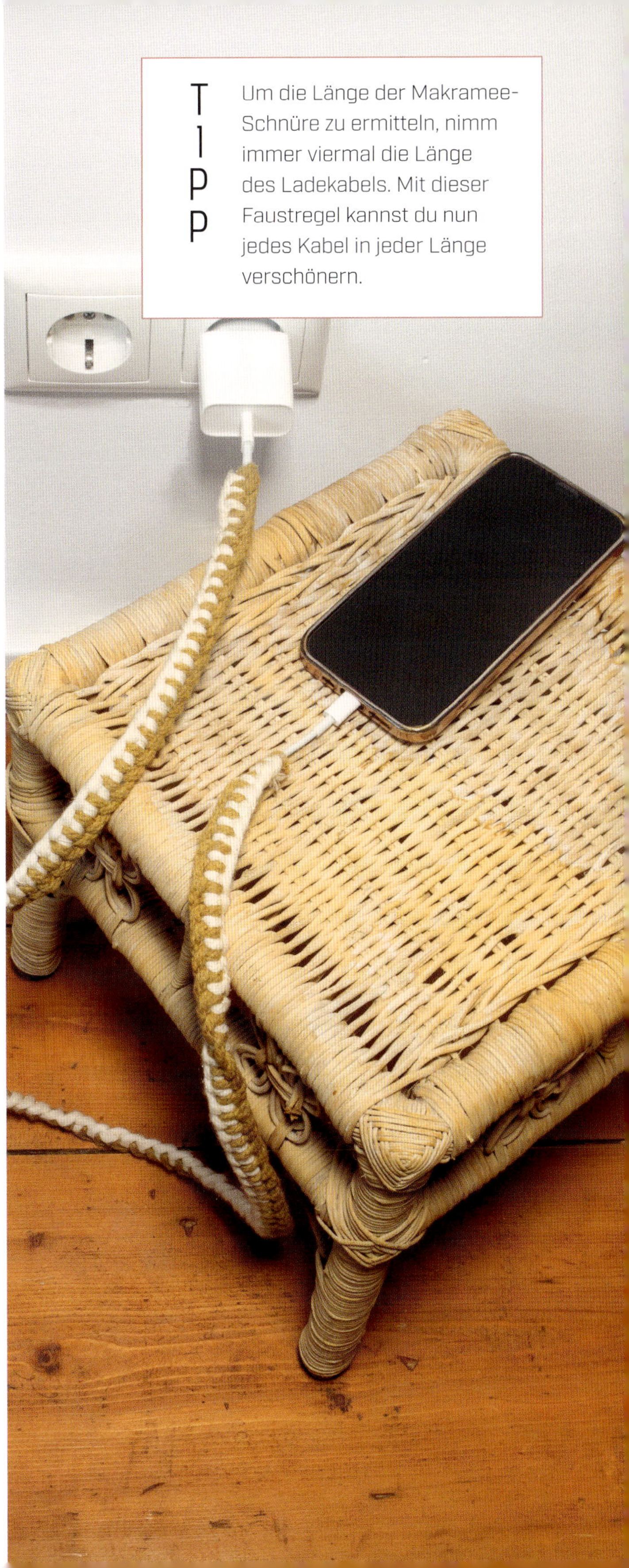

Dieser wunderschöne Regenbogen lässt Kinderaugen strahlen und verschönert jedes Kinderzimmer.

COOLER Regenbogen

MATERIAL

wwww.pferdeseile.de (Seilwerk Dittus)
Baumwollgarn (geflochten, ø 4 mm)
in Natur, 8 m
in Jadegrün/Salbei, 14 m
in Honig/Toffee, 22 m
1 Ast ca. 35 cm lang
Nadel und Faden
Heißkleber

KNOTENTECHNIKEN:

Umgekehrter Lerchenkopfknoten (S. 14)
Kreuzknoten (S. 16)
Berry Knot (S. 18)

So wird's gemacht

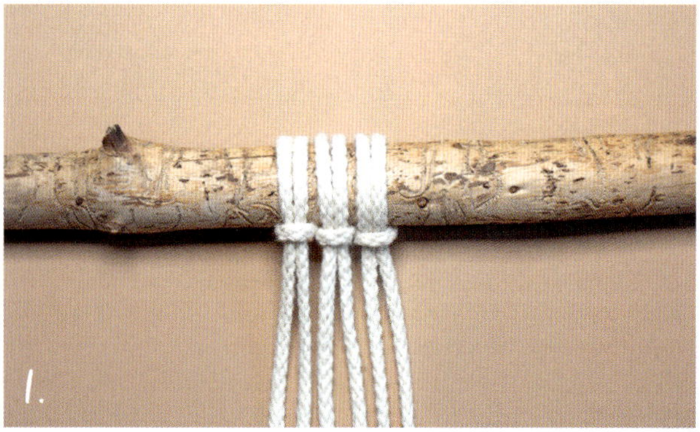

Schneide zwei Schnüre mit je 3 m und eine Schnur mit 2 m in Natur, zwei Schnüre mit je 6 m und eine Schnur mit 2 m in Jadegrün/Salbei sowie zwei Schnüre mit je 9,5 m und eine Schnur mit 3 m in Honig/Toffee zu. Beginne mit den Schnüren in Natur und befestige die 2 m lange Schnur auf der rechten Seite des Astes mit einem umgekehrten Lerchenkopfknoten. Befestige jeweils an beiden Seiten der Schnur eine 3 m lange Schnur in Natur mit umgekehrten Lerchenkopfknoten.

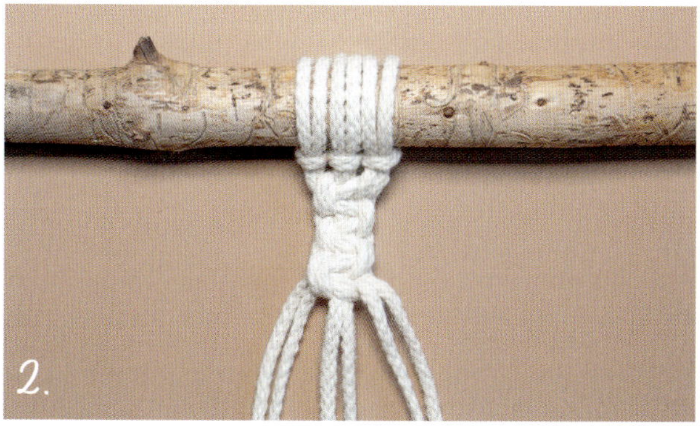

Knüpfe drei Kreuzknoten untereinander. Hierbei sind die mittleren beiden Schnüre die Füllfäden und die beiden äußeren auf jeder Seite die Arbeitsfäden.

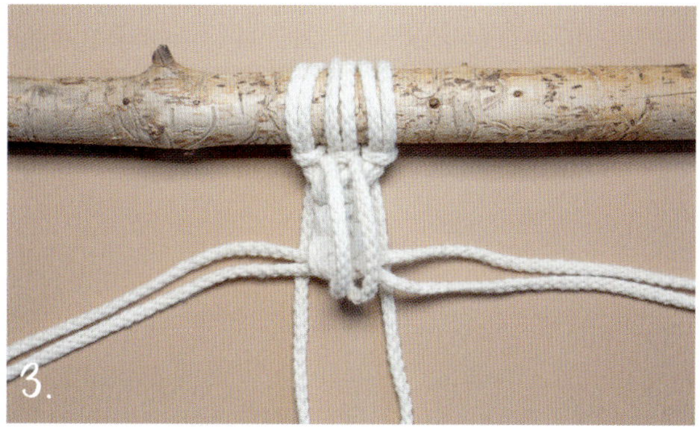

Nimm die beiden Füllfäden und lege sie jeweils über die Kreuzknoten von oben in die entstandenen Schlaufen zwischen den Arbeits- und Füllfäden und ziehe sie nach unten durch.

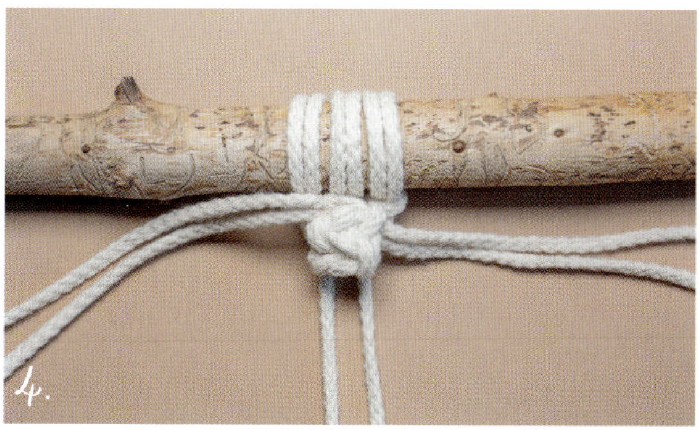

Ziehe die Füllfäden so fest, dass eine Kugel entsteht. Befestige den Berry Knot mit einem Kreuzknoten.

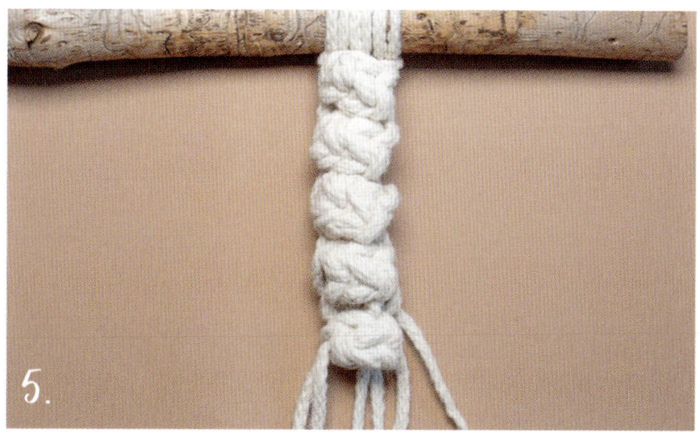

Knüpfe vier weitere Berry Knots.

So geht's weiter

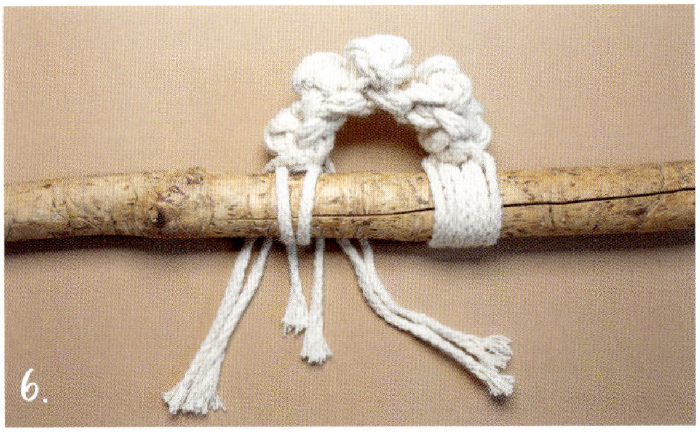

Drehe den Ast und lege die vier Arbeitsfäden unter den Ast. Du siehst jetzt die Rückseite des Regenbogens. Wickle die beiden Füllfäden einmal um den Ast, sodass vorne sechs Schnüre zu sehen sind.

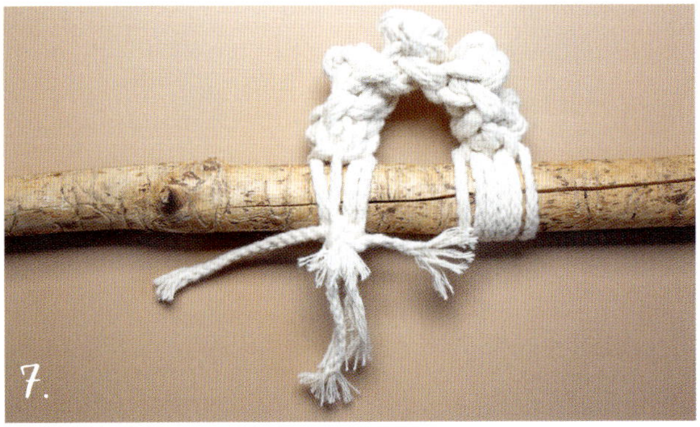

Befestige die Schnüre mit einem Kreuzknoten und kürze die Enden. Um die Knoten sicher zu verschließen, kannst du etwas Heißkleber auf die Enden geben.

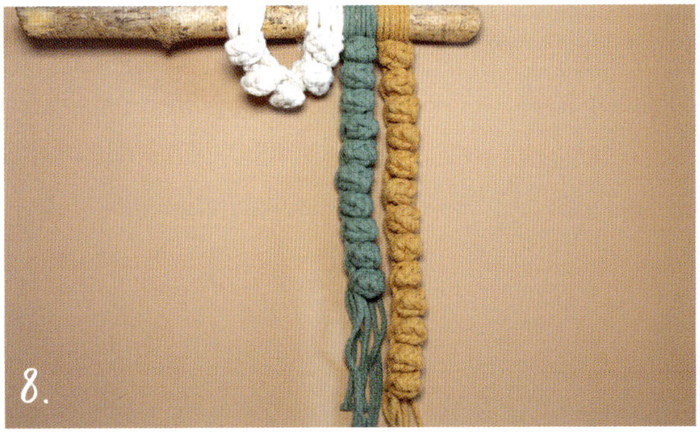

Befestige die nächste Farbe an der rechten Seite des Astes. Knüpfe die kürzere Schnur in der Mitte mit einem umgekehrten Lerchenkopfknoten fest und die anderen beiden Schnüre jeweils links und rechts daneben. Wiederhole die Schritte 2–4 mit den anderen beiden Farben. Knüpfe zehn Kreuzknoten in Jadegrün/Salbei und dreizehn in Honig/Toffee. Wiederhole die Schritte 6–7 mit den beiden anderen Farben. Anschließend kannst du den Regenbogen auf der Rückseite zusammennähen oder mit Heißkleber fixieren.

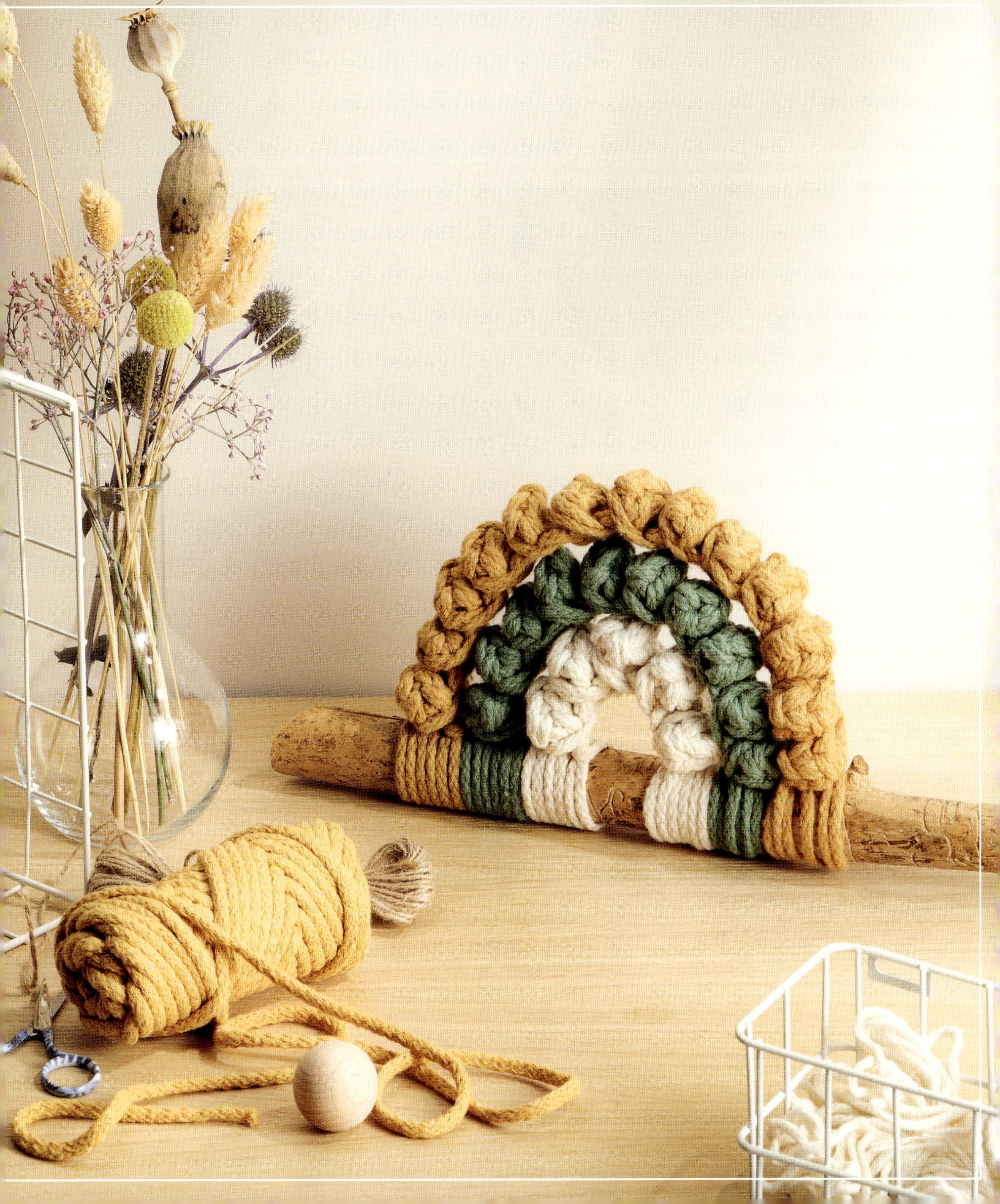

Das Osterfrühstück kann beginnen.

OSTERHASEN-Eierbecher

MATERIAL

www.pferdeseile.de (Seilwerk Dittus)
Baumwollgarn (geflochten, ø 4 mm)
in Olivia/Kamelbraun/Wüstensand, 7,1 m
1 Holzring ø 5 cm

KNOTENTECHNIKEN:

Umgekehrter Lerchenkopfknoten (S. 14)
Halber Schlag (S. 20)
Kreuzknoten (S. 16)

So wird's gemacht

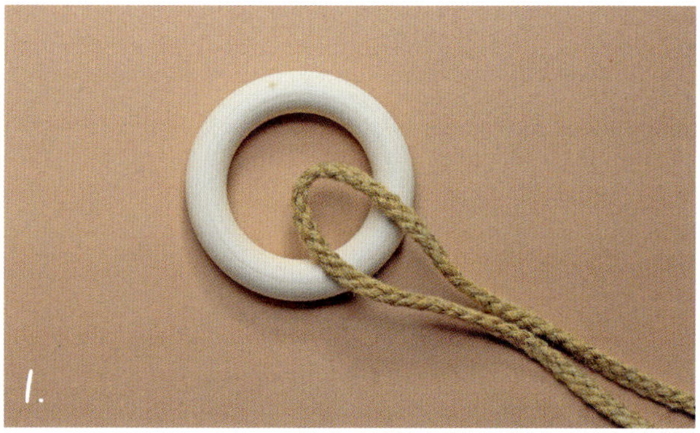

Schneide eine Schnur mit 1,5 m und vier Schnüre mit je 1,4 m zu. Fasse die 1,5 m lange Schnur so, dass du auf der einen Seite circa 7 cm und auf der anderen Seite den Rest der Schnur hast, und befestige diese mit einem umgekehrten Lerchenkopfknoten an dem Holzring.

TIPP

Der Hase eignet sich auch toll als Greifring für Babys, um ihre motorischen Fähigkeiten zu fördern. Wenn du also noch ein Geschenk zur Geburt brauchst, knüpfe dir schnell eins.

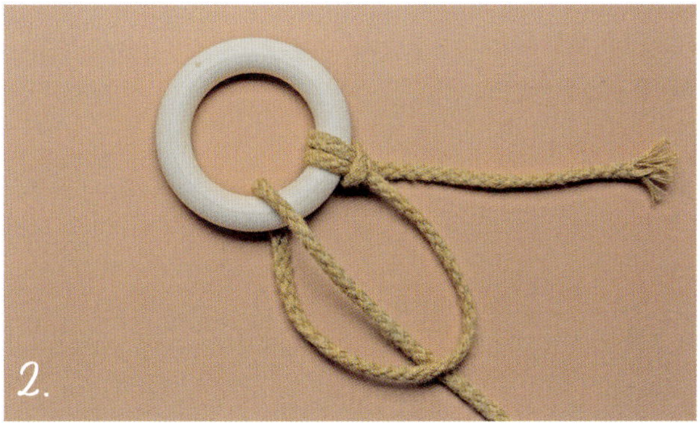

Ziehe die Schnur fest und knüpfe mit dem längeren Teil der Schnur einen halben Schlag.

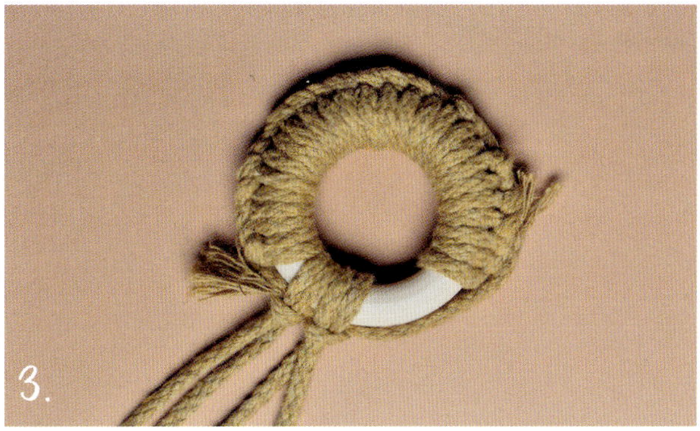

Fertige 24 weitere halbe Schläge, sodass du am Ende 25 hast. Schneide die Enden auf ca. 2 cm ab und lege sie dicht an den Holzring.

Befestige zwei 1,4 m lange Schnüre mit einem umgekehrten Lerchenkopfknoten an dem Holzring.

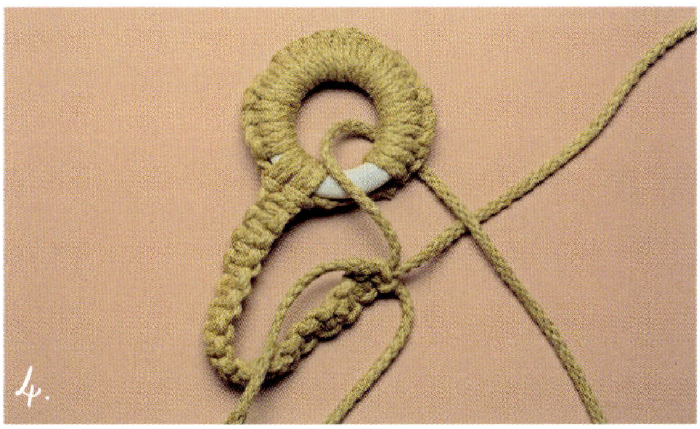

Knüpfe insgesamt 16 Kreuzknoten untereinander und lege am Ende den rechten Füllfaden von oben nach unten durch den Ring.

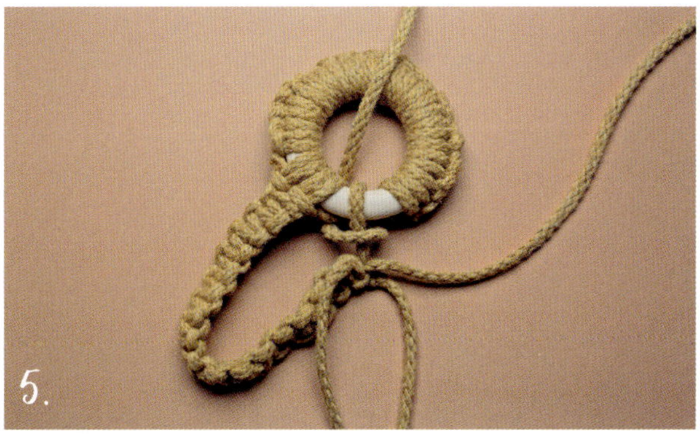

Ziehe den Füllfaden einmal vorne über sich selbst und unten durch den Ring.

So geht's weiter

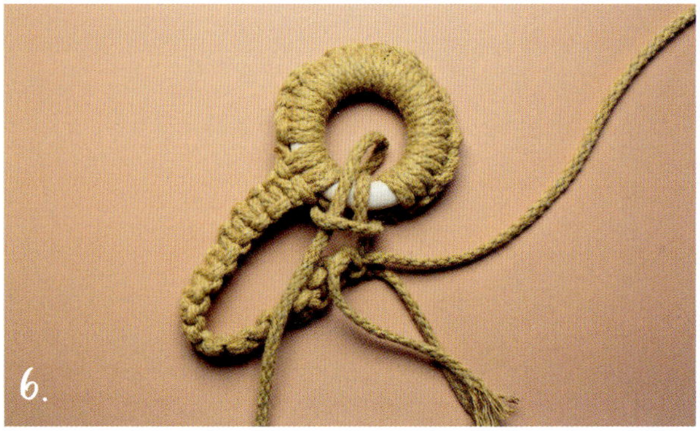

Den Füllfaden jetzt durch die entstandene Schlaufe von oben nach unten durchziehen und festziehen. Nun hast du mit einer Schnur einen umgekehrten Lerchenkopfknoten geknüpft.

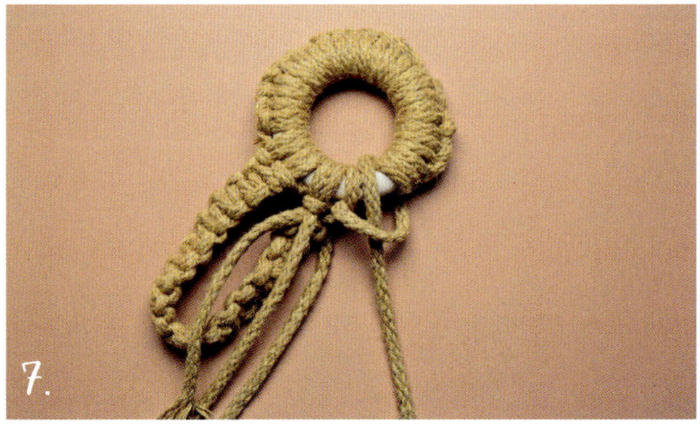

Wiederhole den Lerchenkopfknoten mit dem anderen Füllfaden.

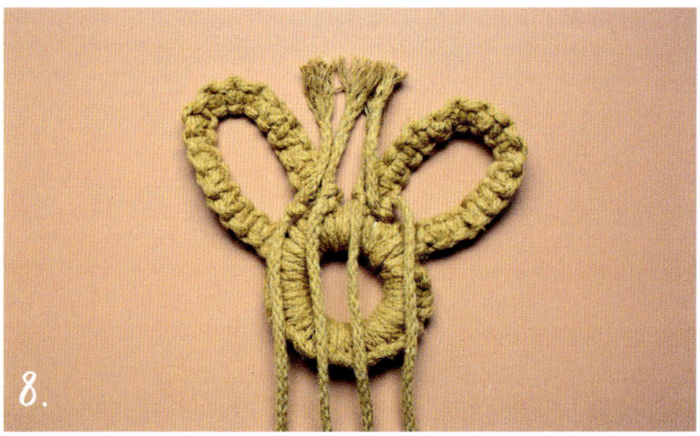

Wiederhole die Schritte 4–8 für das andere Hasenohr. Knote am Ende immer einen doppelten Knoten aus einer kurzen und einer langen Schnur auf der Rückseite der Ohren und schneide die Schnüre ab.

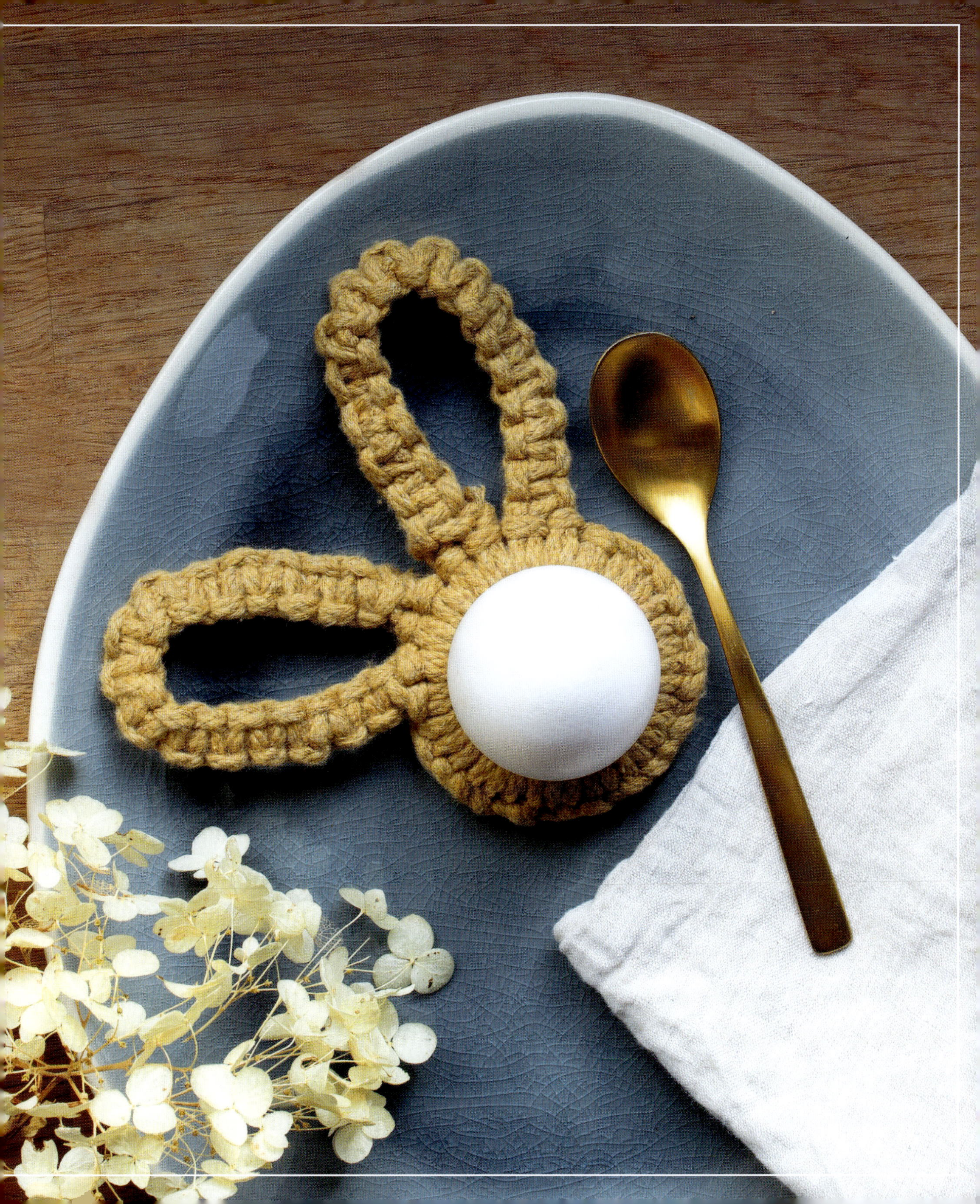

Spätestens wenn der Frühling beginnt, wird es Zeit, an die Osterdeko zu denken. Nutze den ein oder anderen kalten Tag für diesen tollen Boho-Osterschmuck.

BOHO-Osterschmuck

MATERIAL

Baumwollgarn (gedreht, ø 2 mm) in Natur, 5,4 m
1 Holzring ø 1,5 cm
1 Kunststoff-Ei

KNOTENTECHNIKEN:

Umgekehrter Lerchenkopfknoten (S. 14)
Kreuzknoten (S. 16)
Versetzter Kreuzknoten (S. 17)
Abbindeknoten (S. 19)

So wird's gemacht

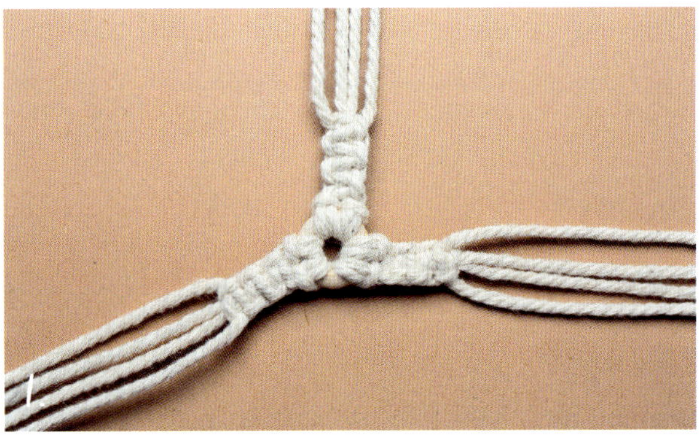

1.

Schneide sechs Schnüre mit je 90 cm zu. Befestige diese mit umgekehrten Lerchenkopfknoten an dem Ring.

Bilde drei Paare und knüpfe mit jedem drei Kreuzknoten hintereinander.

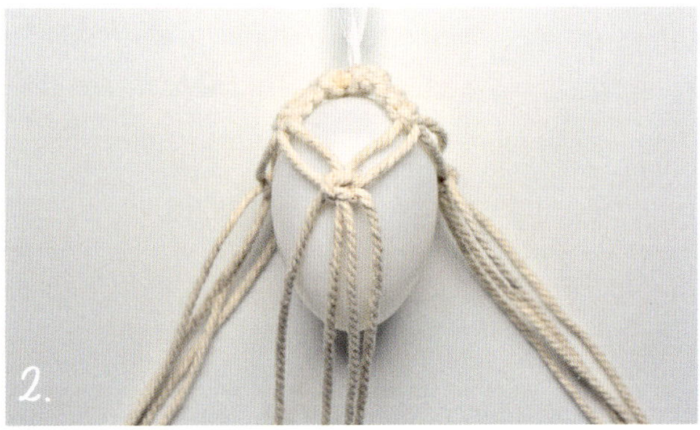

2.

Befestige das Ei an einem Makramee-Board. Knüpfe jeweils mittig von dem Ei einen versetzten Kreuzknoten.

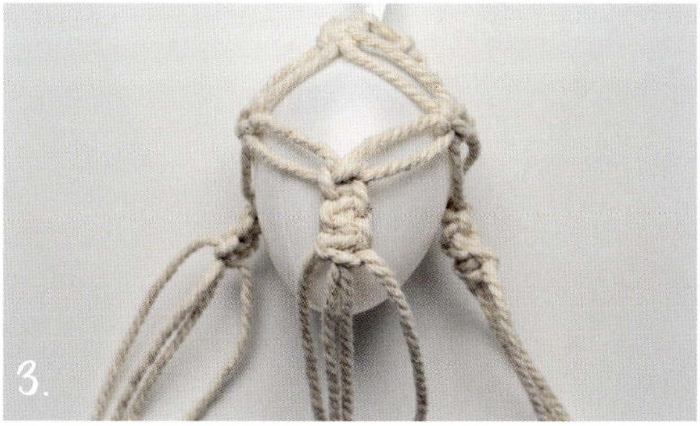

3.

Nun knüpfe erneut drei Kreuzknoten auf der Höhe der ersten Kreuzknoten von Schritt 1.

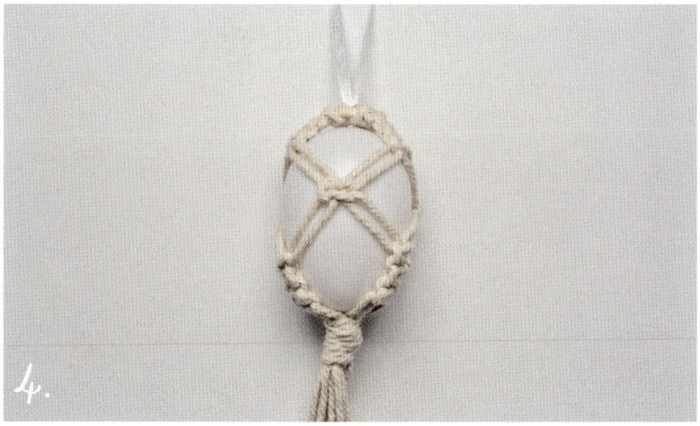

4.

Zum Schluss werden alle Schnüre zusammengefasst und ein Abbindeknoten geknüpft. Kürze die Enden auf die gewünschte Länge. In diesem Beispiel sind es 4 cm.

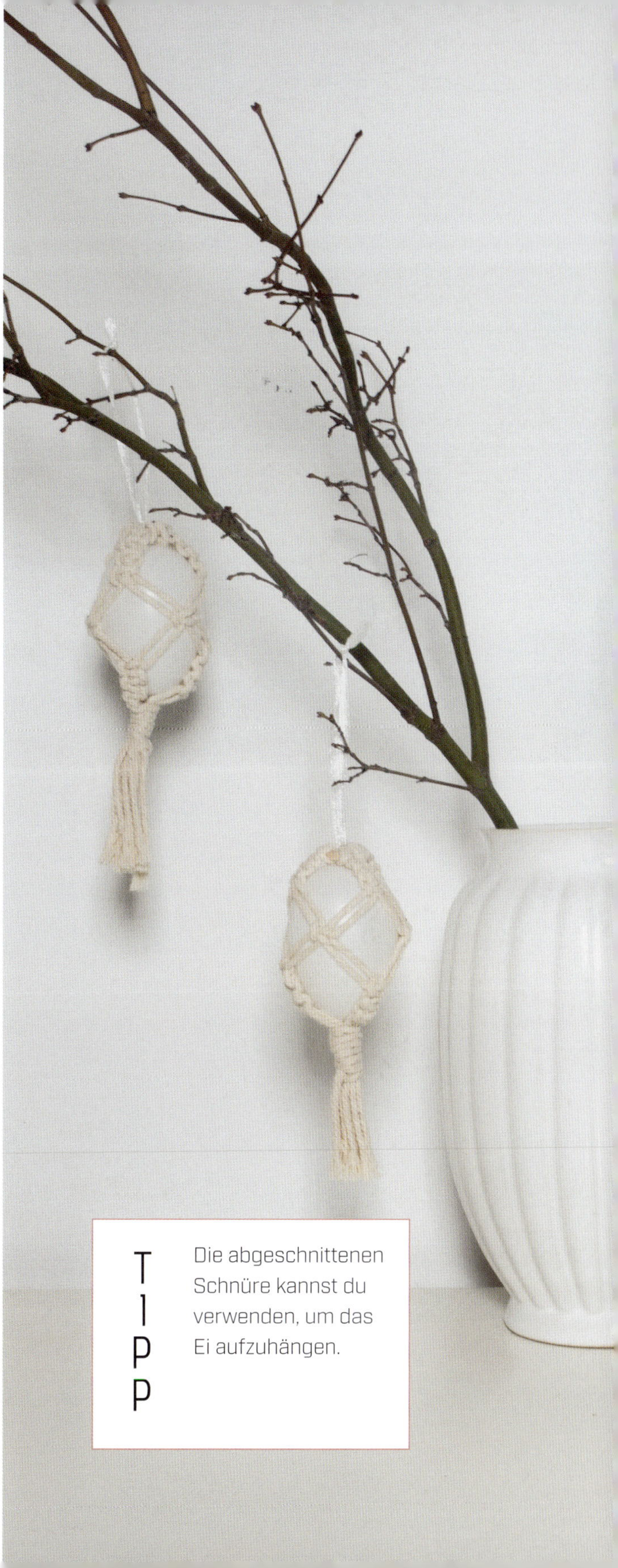

TIPP

Die abgeschnittenen Schnüre kannst du verwenden, um das Ei aufzuhängen.

Schnell geknüpftes Freundschaftsband, das durch den beweglichen Verschluss an jede Hand passt.

ZARTES *Armband*

MATERIAL

Linhasita Wachsgarn (ø 1 mm)
in Grün, 1,58 m
in Pink, 0,6 m
1 Schmuckanhänger mit zwei Löchern
Feuerzeug

KNOTENTECHNIKEN:

Umgekehrter Lerchenkopfknoten (S. 14)
Kreuzknoten (S. 16)

So wird's gemacht

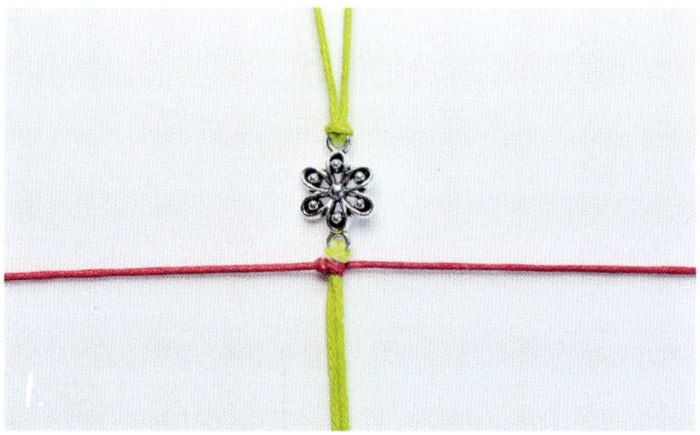
1.

Schneide zwei grüne Schnüre mit je 30 cm, eine mit 38 cm und eine mit 60 cm zu. Befestige die zwei grünen 30 cm langen Schnüre mit umgekehrten Lerchenkopfknoten in den Ösen des Schmuckanhängers.

Lege die pinke Schnur mittig unter eine der grünen 30 cm langen Schnüre.

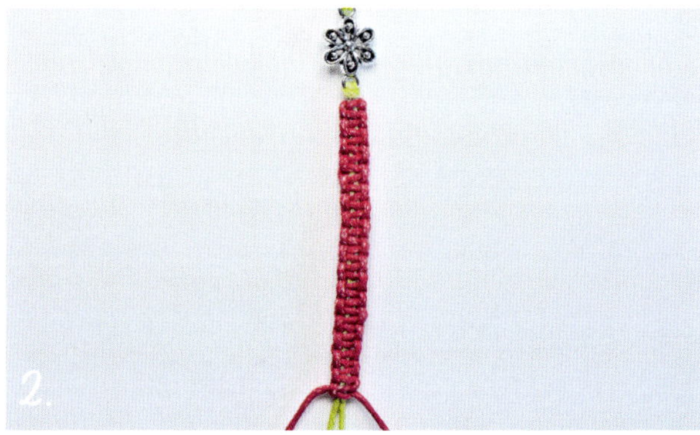
2.

Knüpfe 19 Kreuzknoten untereinander.

Drehe das Armband, befestige die 60 cm lange grüne Schnur unter der 30 cm langen grünen Schnur. Knüpfe wie in Schritt 1 19 Kreuzknoten untereinander.

Kürze die pinken und grünen Enden. Diese werden später mit dem Feuerzeug kurz geschmolzen, um das Geknüpfte zu verschließen.

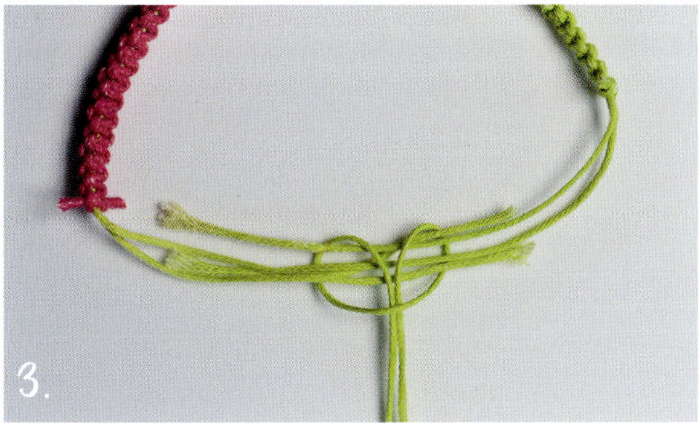

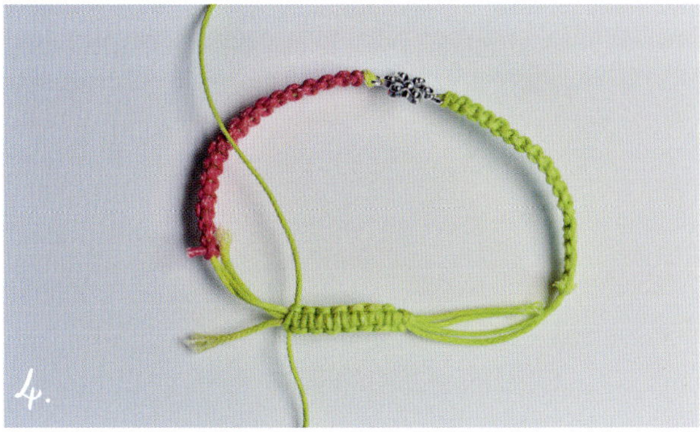

Lege die grünen Enden des Armbands etwa 5 cm übereinander.

Befestige die grüne 38 cm lange Schnur mit einem umgekehrten Lerchenkopfknoten über den beiden Enden.

Knüpfe sieben Kreuzknoten untereinander.

Schneide die Fäden ab und mache am Ende jeder Schnur einen Knoten, sodass die Schnur nicht durch die Kreuzknoten rutscht. Schmelze die Enden der 38 cm langen Schnur kurz mit dem Feuerzeug an.

TIPP

Du kannst auch Perlen in das Armband einknüpfen.

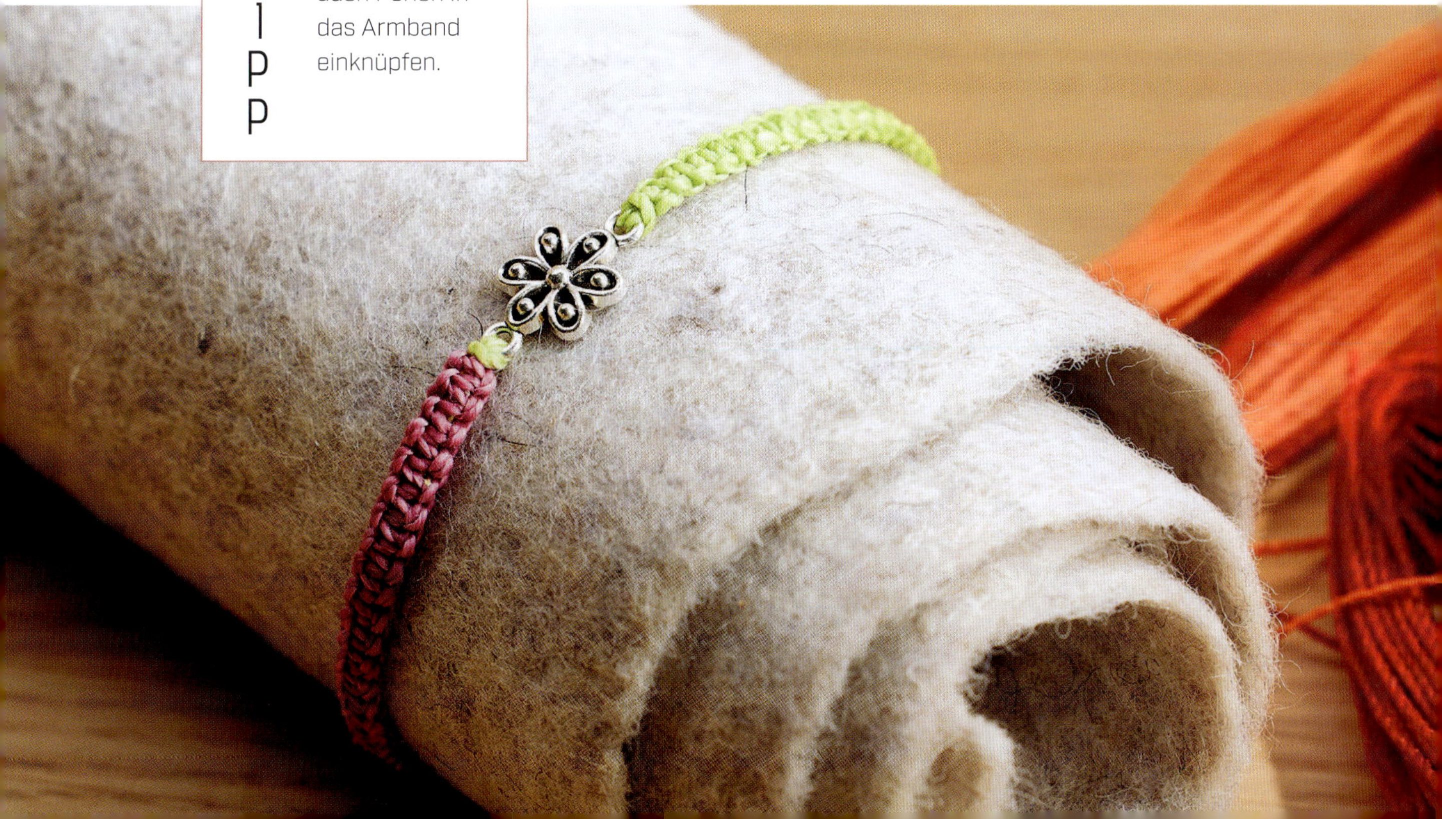

Ein mit Makramee geschmücktes Solarlicht macht gleich nochmal eine viel kuscheligere Stimmung.

STYLISCHES Solarlicht

MATERIAL

www.pferdeseile.de (Seilwerk Dittus)

Baumwollgarn (geflochten, ø 4 mm)

in Vanilla, 27,8 m

1 Solarlicht ca. 15 cm hoch und 10 cm breit

Bürste

KNOTENTECHNIKEN:

Umgekehrter Lerchenkopfknoten (S. 14)

Kreuzknoten (S. 16)

Versetztes Kreuzknotenmuster (S. 17)

Berry Knot (S. 18)

So wird's gemacht

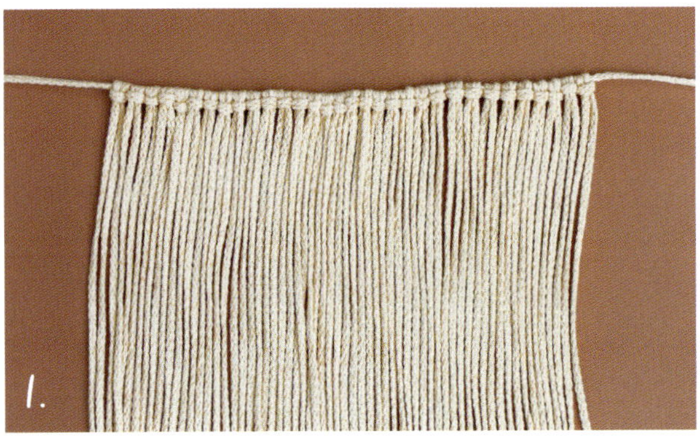

Schneide eine Schnur mit 60 cm und 32 Schnüre mit je 85 cm zu. Befestige die langen Schnüre mit umgekehrten Lerchenkopfknoten an der 60 cm langen Schnur. Du kannst die Schnur dafür in ein Makramee-Board spannen oder am Tisch festkleben.

TIPP

Du kannst auch noch eine Schnur um das Glas befestigen und es dann aufhängen.

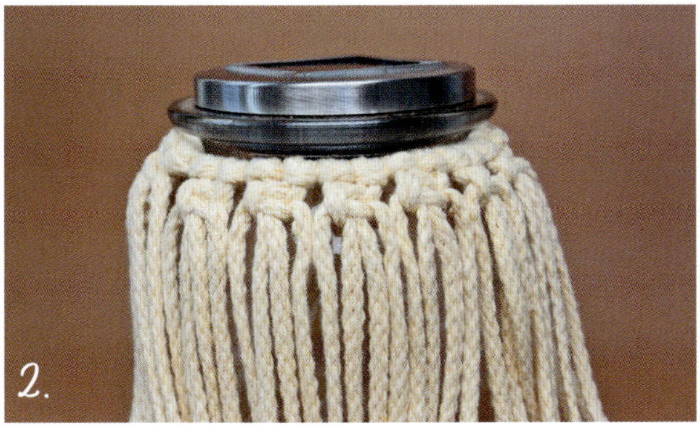

Befestige die Schnur mit einem Knoten an dem Solarlicht. Knote einmal rings herum Kreuzknoten.

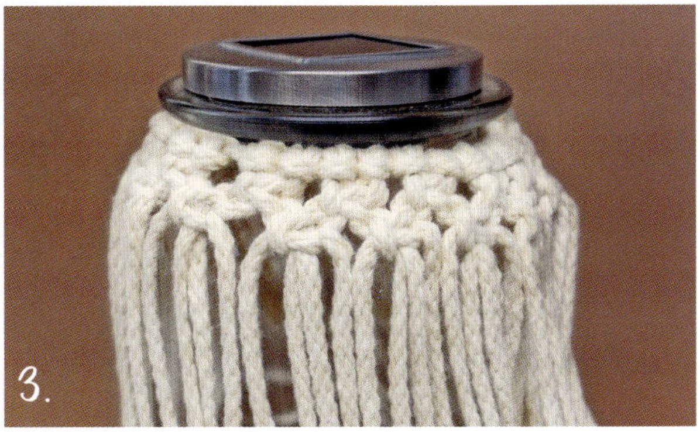

Knüpfe eine weitere Reihe Kreuzknoten, um ein versetztes Kreuzknotenmuster zu bekommen.

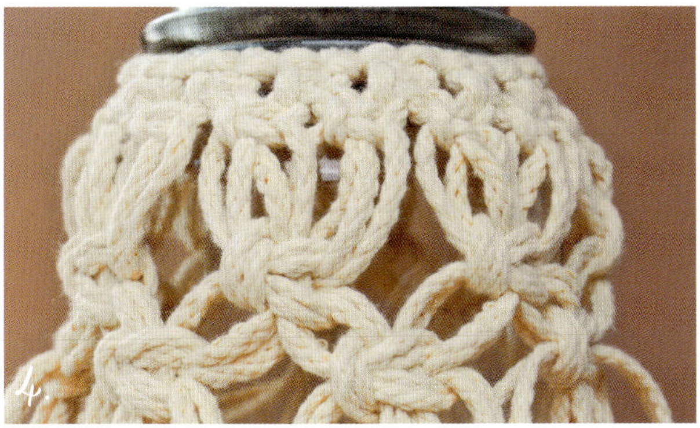

Nimm die Schnüre von zwei Kreuzknoten und knüpfe einen weiteren Kreuzknoten. Hierfür verwendest du die zwei inneren Schnüre als Füllfäden und die jeweils beiden äußeren rechts und links als Arbeitsfäden. Knüpfe den Knoten nicht direkt oben unter die beiden Kreuzknoten, sondern lass hier ca. 2 cm Platz.

So geht's weiter

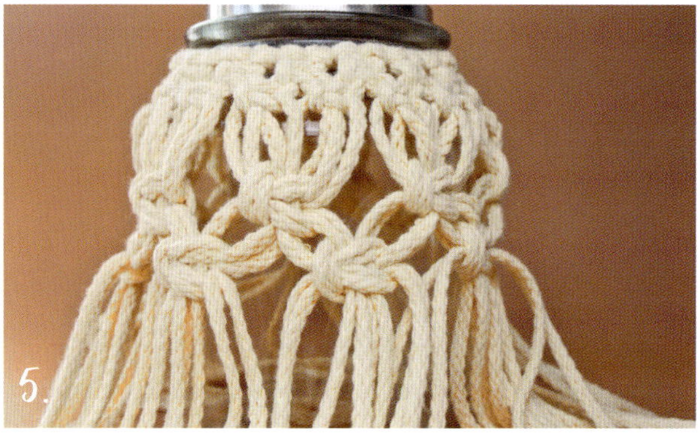

Nimm von jedem Kreuzknoten jeweils vier Schnüre und knüpfe noch einen Kreuzknoten mit vier Füllfäden und vier Arbeitsfäden. Lass auch hier wieder ca. 2 cm Abstand, so entsteht ein schönes Blumenmuster.

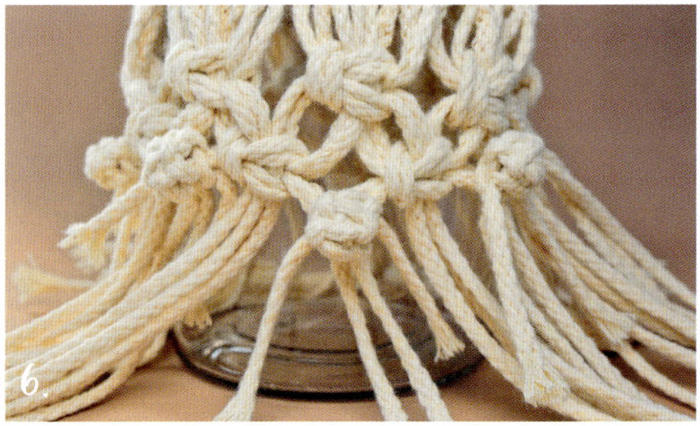

Knote einen Berry Knot. Nimm hierfür nur die Arbeitsfäden von zwei nebeneinanderliegenden Kreuzknoten.

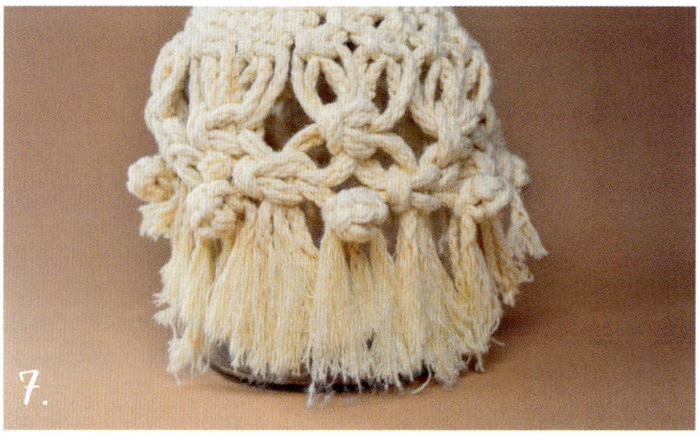

Kürze die Enden und kämme sie.

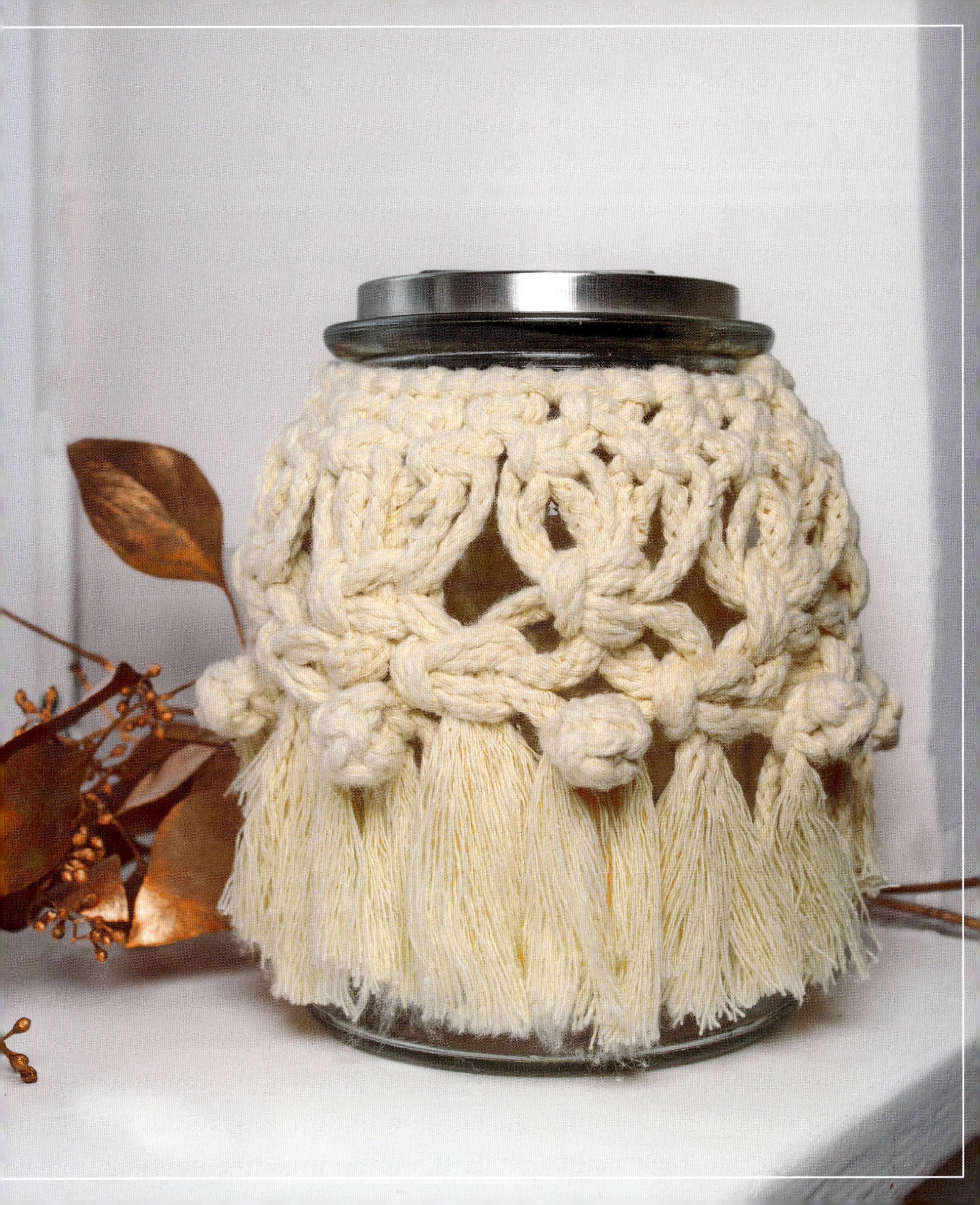

Ein besonderer Bilderrahmen für ein besonderes Bild.

BILDER-rahmen

MATERIAL

www.pferdeseile.de (Seilwerk Dittus)
Baumwollgarn (geflochten, ø 4 mm)
in Teddybraun, 22,5 m
1 Bilderrahmen 20 x 15 cm
Bürste
Heißkleber

TIPP

Bei einem größeren Bilderrahmen nimmst du für die Länge der Schnüre die Länge des Bilderrahmens mal 1,5.

KNOTENTECHNIKEN:

Umgekehrter Lerchenkopfknoten (S. 14)
Kreuzknoten (S. 16)
Versetztes Kreuzknotenmuster (S. 17)

So wird's gemacht

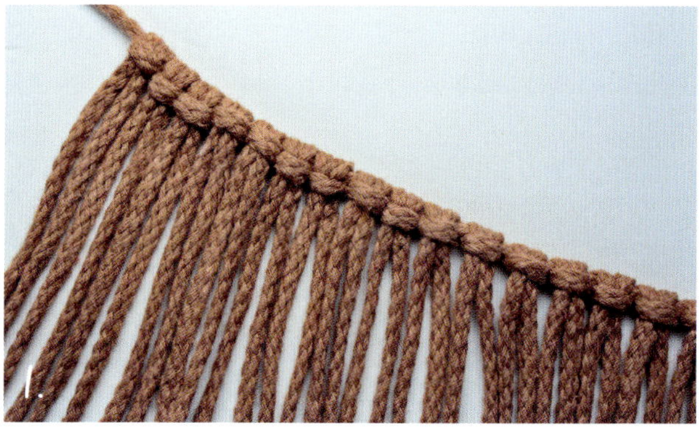

Schneide 72 Schnüre mit je 30 cm und eine Schnur mit 90 cm Länge zu. Befestige die 72 Schnüre mit umgekehrten Lerchenkopfknoten an der 90 cm langen Schnur.

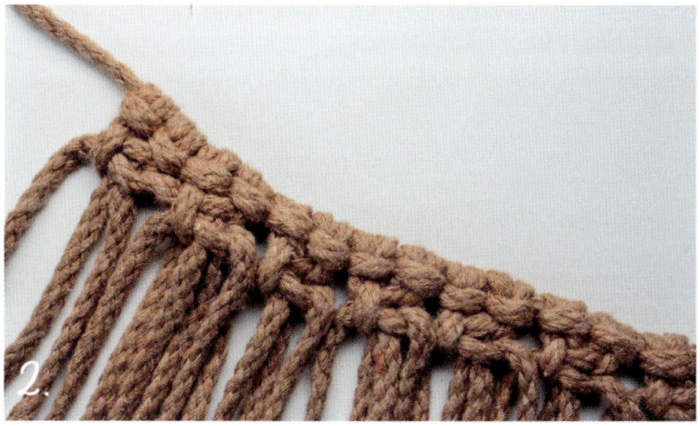

Befestige die 90 cm lange Schnur an einem Makramee-Board und knüpfe eine Reihe Kreuznoten.

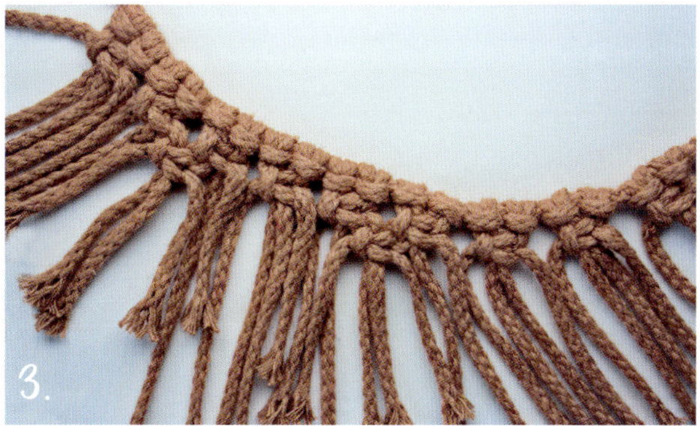

Lass den ersten Kreuzknoten frei, die Schnüre benötigst du am Ende, um den Rahmen zu schließen. Nimm die Schnüre der nächsten beiden Kreuzknoten und lege jeweils die äußeren beiden Schnüre auf die Seite. Knüpfe einen Kreuzknoten mit den restlichen vier Schnüren. Knüpfe so weiter, bis du am Ende der Reihe ankommst.

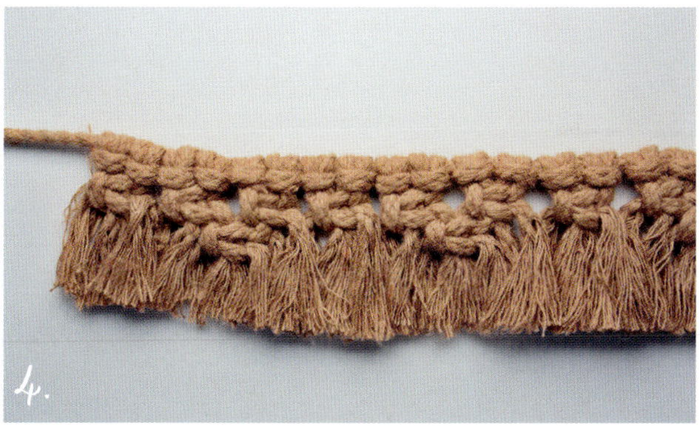

Kürze die Enden auf die gewünschte Länge und bürste sie.

So geht's weiter

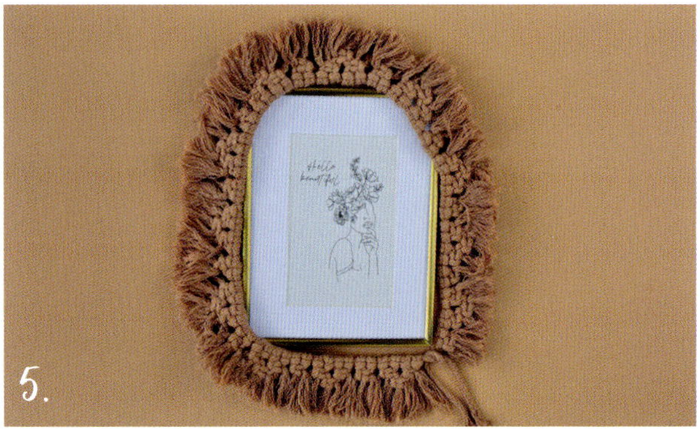

5.

Lege das Makramee um den Bilderrahmen, um zu prüfen, ob die Länge passt. Klebe das Makramee mit Heißkleber auf den Bilderrahmen.

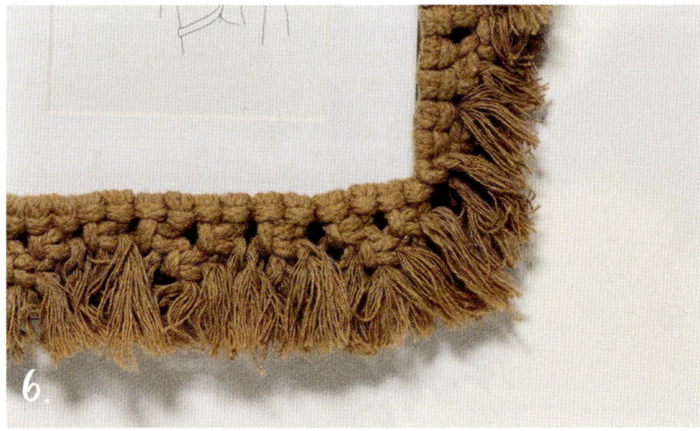

6.

Verknote die Enden und bürste sie. Gegebenenfalls kannst du die Fransen noch mit einer scharfen Schere etwas zurückschneiden.

TIPP

So lassen sich supergünstig alte Flohmarktrahmen pimpen. Für einen Rahmen fürs Kinderzimmer kannst du auch verschiedenfarbige Garne nutzen.

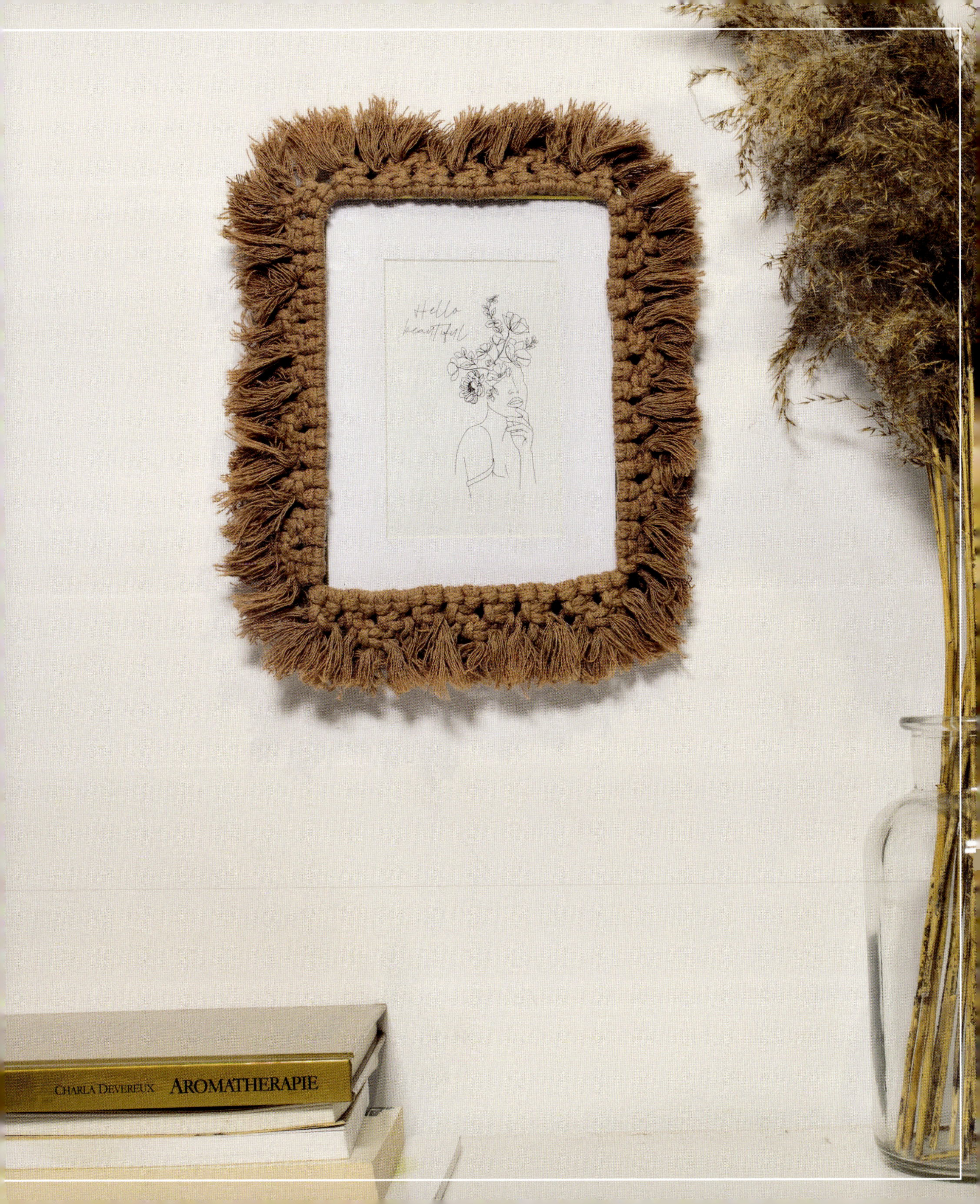
Hello
beautiful
CHARLA DEVEREUX AROMATHERAPIE

Diese Schneeflocke geht superschnell und ist eine tolle Bastelidee für Groß und Klein.

SCHNEEFLOCKEN-anhänger

MATERIAL

www.pferdeseile.de (Seilwerk Dittus)
Baumwollgarn (gedreht, ø 3 mm)
in Weiß, 6,2 m
Bürste

KNOTENTECHNIKEN:

Umgekehrter Lerchenkopfknoten (S. 14)
Kreuzknoten (S. 16)

So wird's gemacht

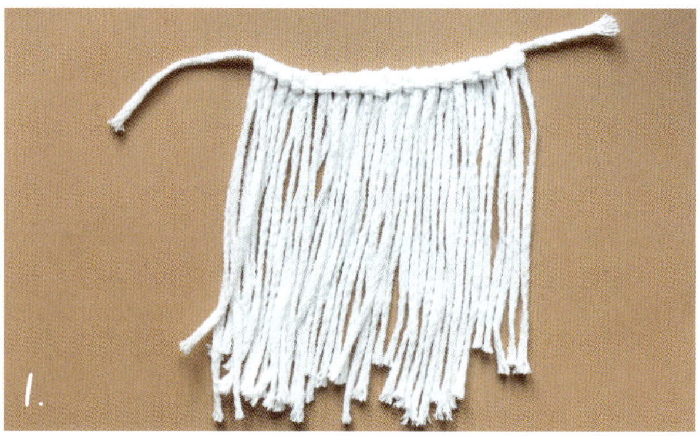

Schneide 20 Schnüre mit je 30 cm und eine Schnur mit 20 cm zu. Befestige die 30 cm langen Schnüre mit umgekehrten Lerchenkopfknoten an der 20 cm langen Schnur. Hierfür kannst du die Schnur z. B. mit Tesafilm am Tisch festkleben oder an einem Makramee-Board befestigen.

TIPP

Du kannst die Schneeflocke auch um ein kleines Windlicht herum knüpfen.

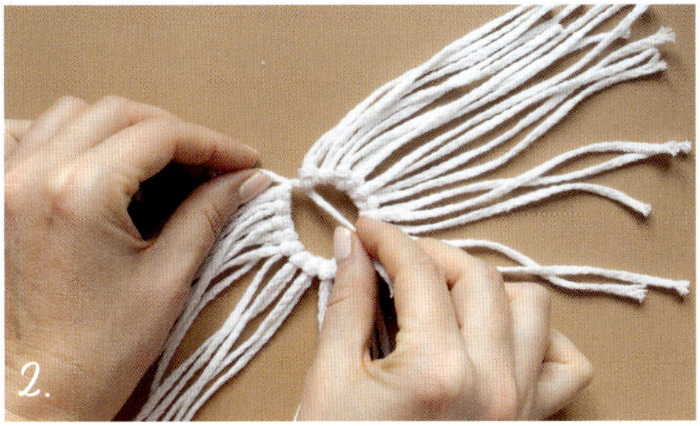

Lege mit der 20 cm langen Schnur einen Ring und mache am Ende einen Knoten. Jetzt hast du den Innenteil der Schneeflocke.

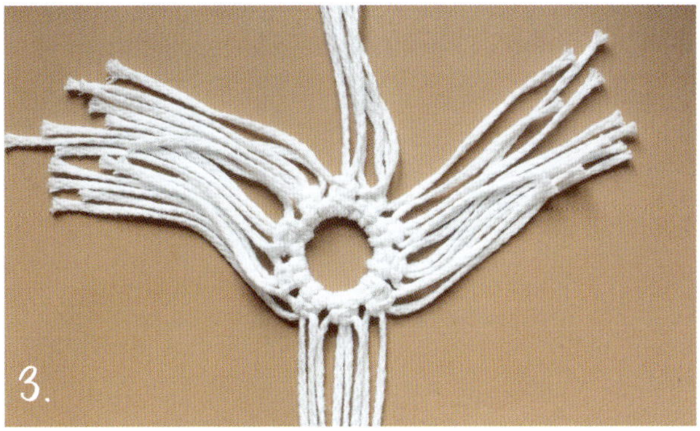

Knüpfe Kreuzknoten einmal um den Ring.

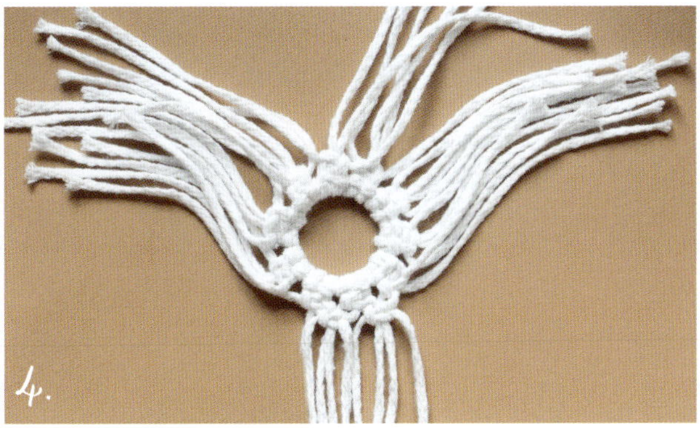

Teile dir immer acht Schnüre ab. Nimm hierbei vier Schnüre eines Kreuzknotens und jeweils zwei Schnüre der beiden danebenliegenden Kreuzknoten. Knote in der nächsten Reihe zwei Kreuzknoten. So entsteht ein versetztes Kreuzknotenmuster.

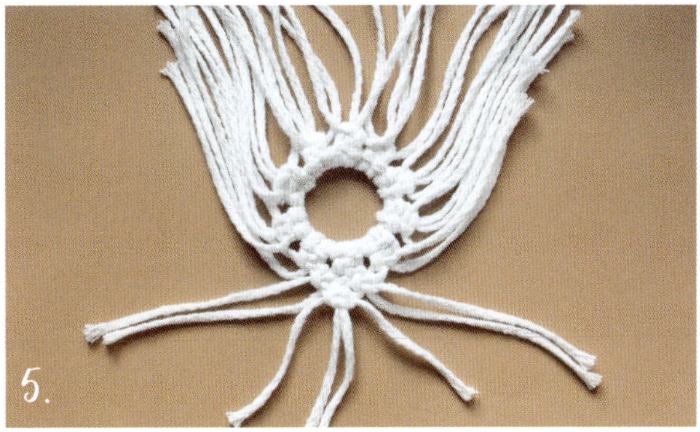

Knüpfe die Spitze der Schneeflocke, indem du die mittleren vier Schnüre der gerade geknüpften Kreuzknoten nimmst und damit einen weiteren Kreuzknoten knüpfst.

So geht's weiter

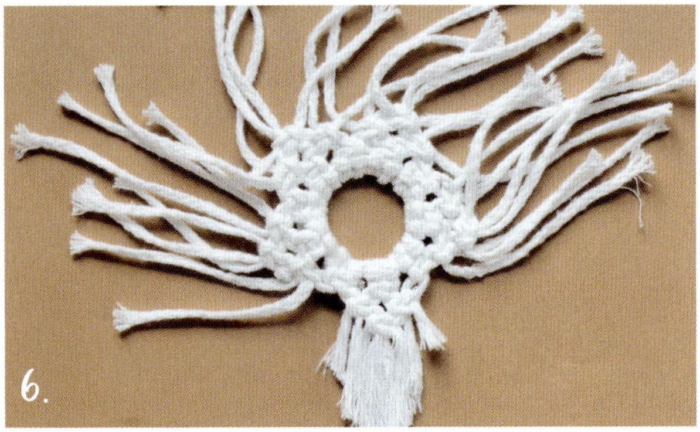

6.

Wiederhole die Schritte 4 und 5 einmal rundherum. Kürze die Enden und bürste diese.

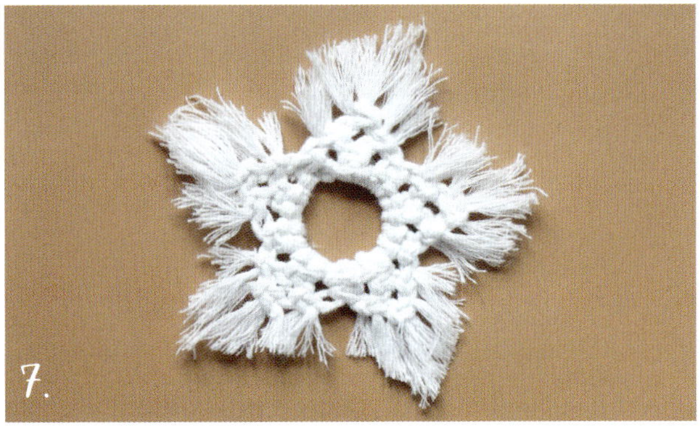

7.

Schneide die Enden nochmal schön zurecht, sodass du fünf Zacken hast.

TIPP

Als winterliches Mobile sehen mehrere Schneeflocken ganz toll aus. Auf Seite 78 gibt es die Anleitung zu einem Kinderzimmer-Mobile, welches abgewandelt werden kann.

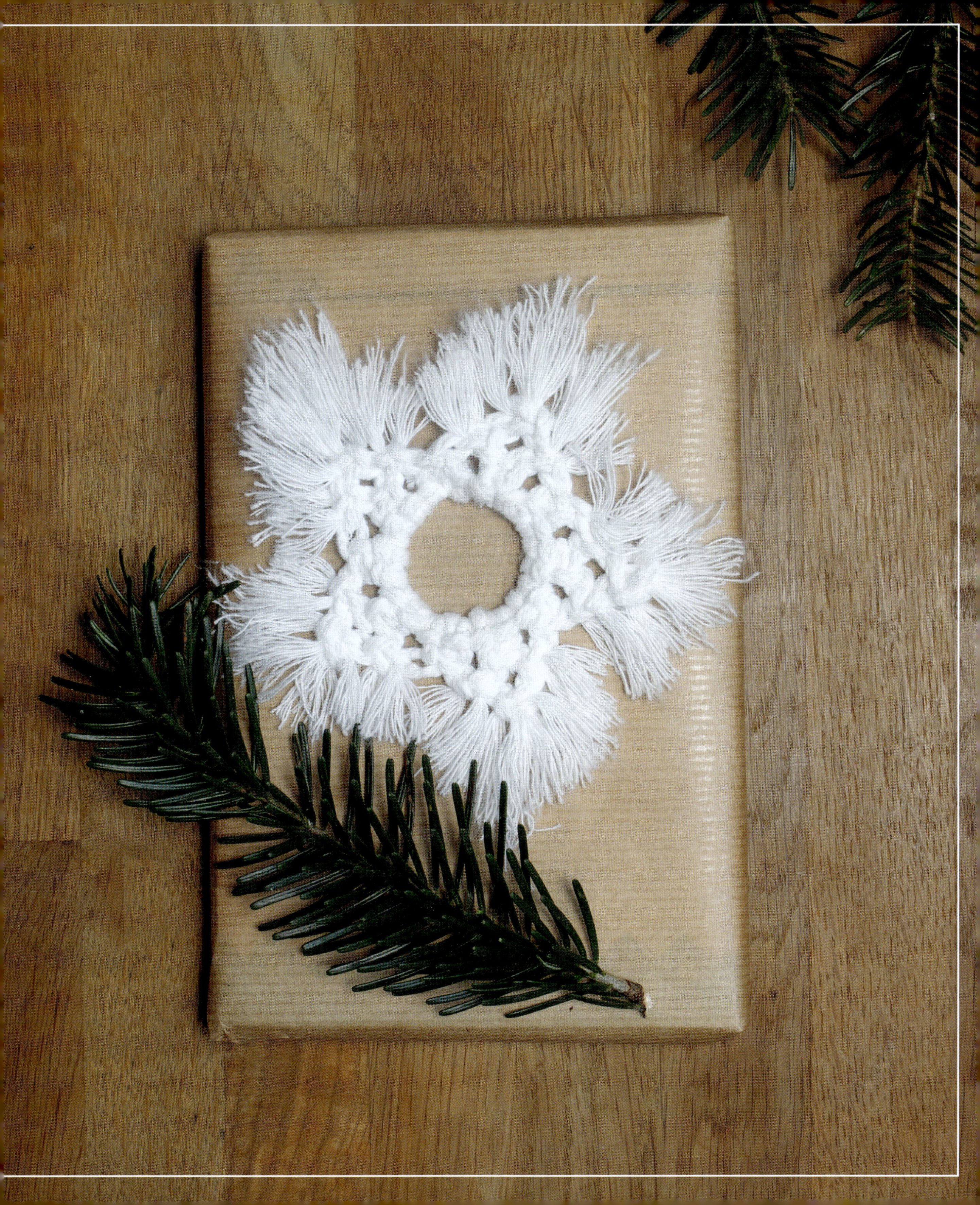

Mach's dir gemütlich. Ein Kerzenhalter für schöne Stunden zu zweit oder allein.

EASY Kerzenhalter

MATERIAL

www.pferdeseile.de (Seilwerk Dittus)
Baumwollgarn (geflochten, ø 4 mm)
in Honig/Toffee, 1,8 m
1 Ring ø 3 cm
Bürste

KNOTENTECHNIK:

Umgekehrter Lerchenkopfknoten (S. 14)

So wird's gemacht

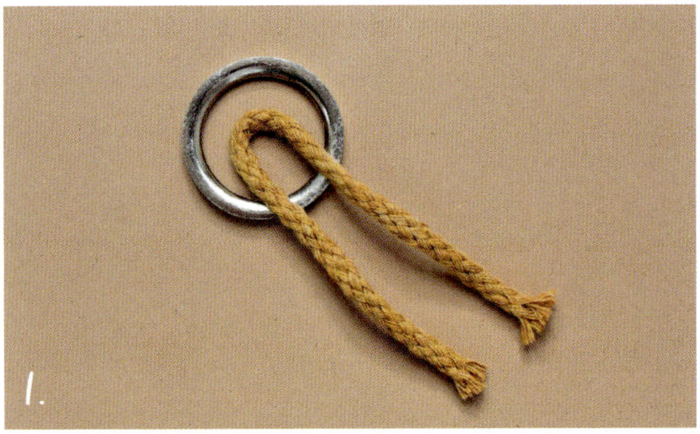

1.

Schneide zwölf Schnüre mit je 15 cm zu. Lege eine Schnur in der Mitte zur Hälfte und die so entstandene Schlinge auf den Ring.

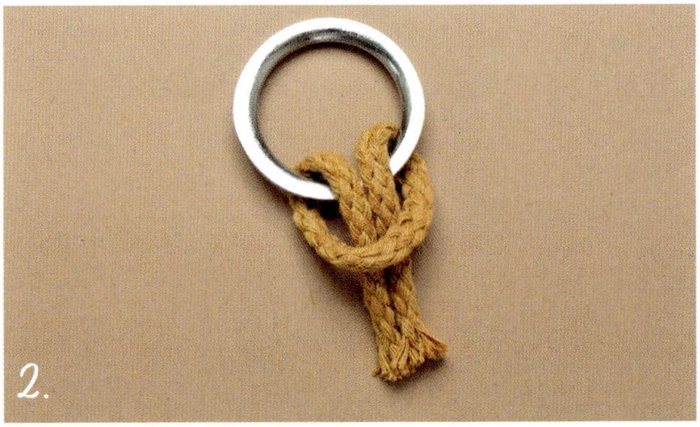

2.

Führe die Enden der Schnur um den Ring und ziehe sie von hinten nach vorne durch die Schlinge. Nun hast du einen umgekehrten Lerchenkopfknoten geknüpft.

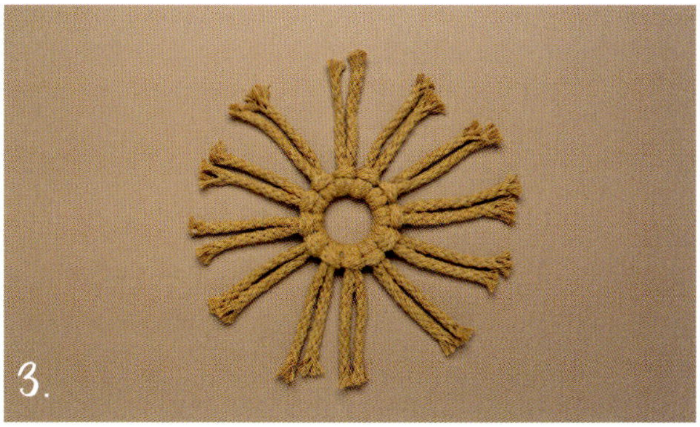

Wiederhole den umgekehrten Lerchenkopfknoten mit den restlichen elf Schnüren.

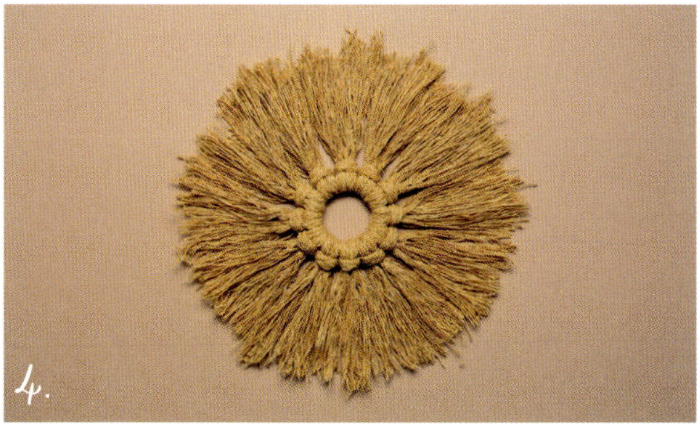

Bürste die Schnüre und schneide sie gegebenenfalls zurecht.

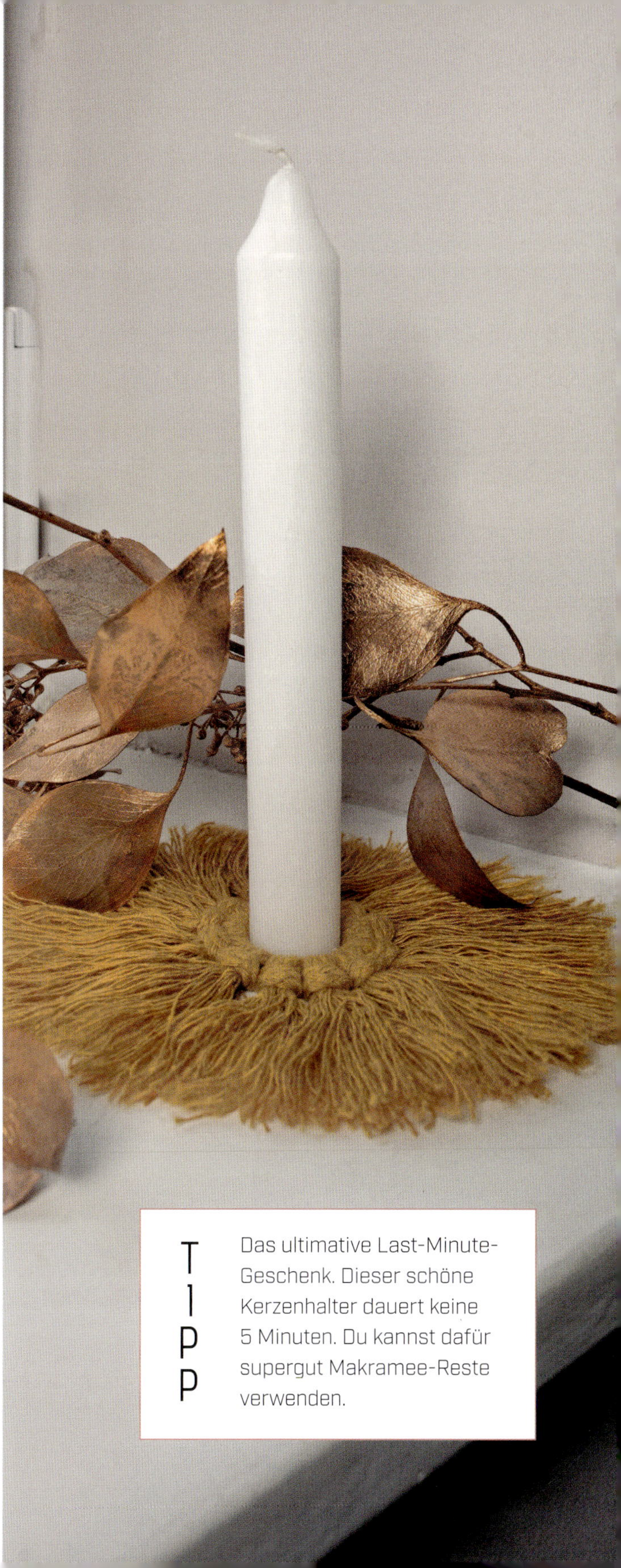

TIPP

Das ultimative Last-Minute-Geschenk. Dieser schöne Kerzenhalter dauert keine 5 Minuten. Du kannst dafür supergut Makramee-Reste verwenden.

Dieses Jahr wirst du einen ganz besonderen Christbaumschmuck haben.

WEIHNACHTS-*baumkugel*

MATERIAL

www.pferdeseile.de (Seilwerk Dittus)
Baumwollgarn (gedreht, ø 2 mm)
in Natur, 6,7 m
Weihnachtsbaumkugel ø 6 cm

KNOTENTECHNIKEN:

Umgekehrter Lerchenkopfknoten (S. 14)
Kreuzknoten (S. 16)
Versetzter Kreuzknoten (S. 17)
Berry Knot (S. 18)
Halber Schlag (S. 20)

So wird's gemacht

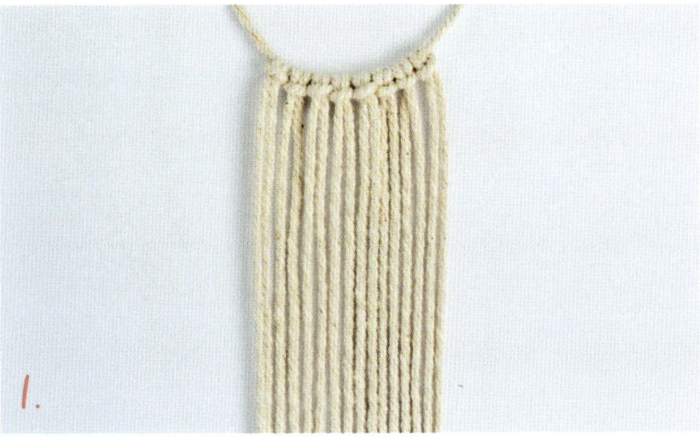

Schneide dir acht Schnüre mit je 80 cm und zwei Schnüre mit je 15 cm zu. Befestige die 80 cm langen Schnüre mit umgekehrten Lerchenkopfknoten an einer der 15 cm langen Schnüre. Befestige diese 15 cm lange Schnur zum Beispiel an einem Makramee-Board.

TIPP

Wenn du eine größere Kugel hast, nimm einfach ein paar Zentimeter mehr Schnur.

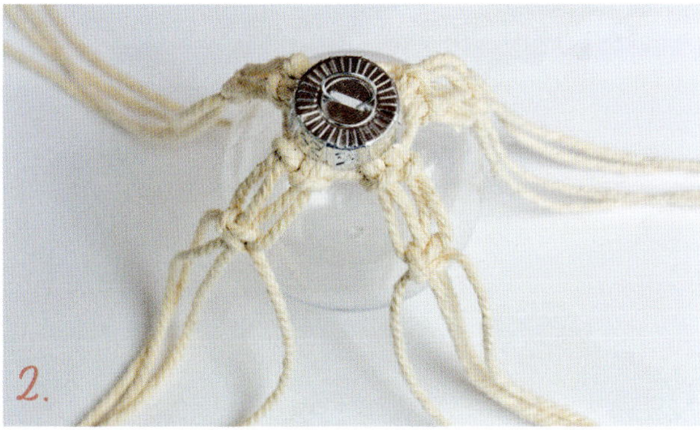

Knüpfe im Abstand von 1,5 cm eine Reihe mit vier Kreuzknoten und binde das Makramee anschließend an der Kugel fest.

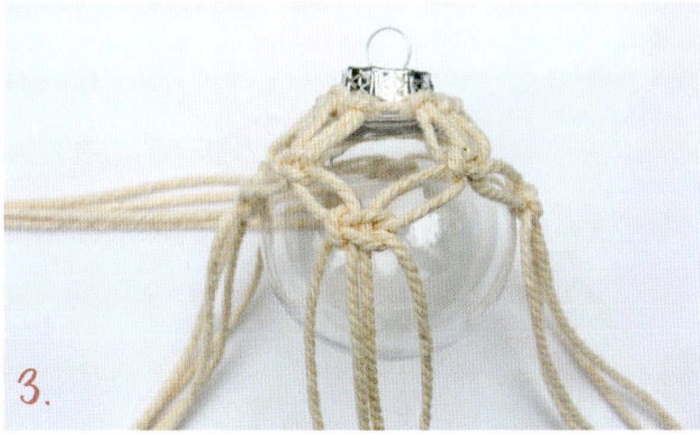

Knüpfe eine weitere Reihe versetzter Kreuzknoten mit dem gleichen Abstand.

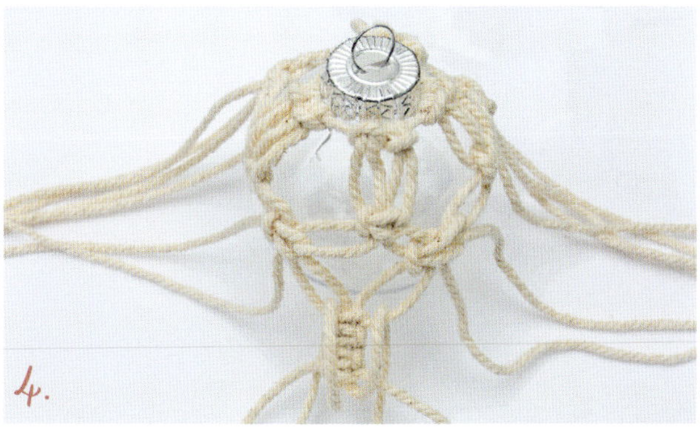

Knote im nächsten Schritt drei Kreuzknoten unterhalb der Kreuzknoten aus Schritt 2. Lege die beiden Füllfäden von oben nach unten durch die Schlaufen oberhalb der drei Kreuzknoten, ziehe diese nach unten durch, sodass eine Kugel entsteht. Befestige den Berry Knot am Ende mit einem Kreuzknoten.

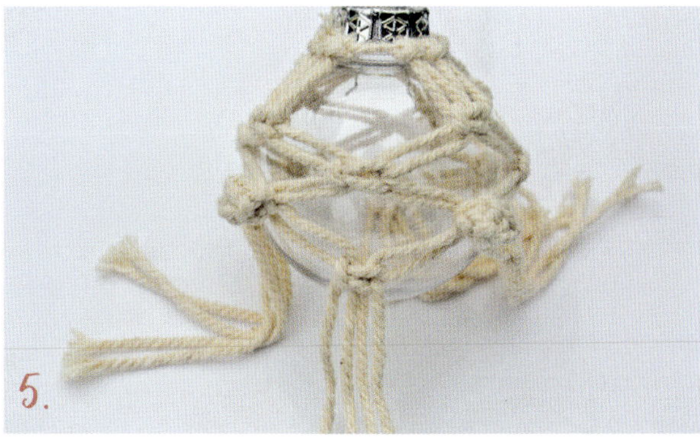

Wiederhole die Kreuzknoten aus Schritt 3.

So geht's weiter

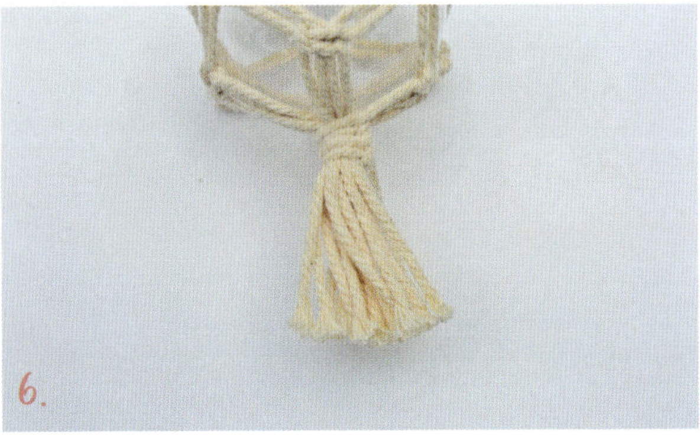

Fasse alle Schnüre unten dicht an der Kugel zusammen, wähle eine der längeren Schnüre und knote drei halbe Schläge. Verknote die Schnur am Ende mit einer anderen.

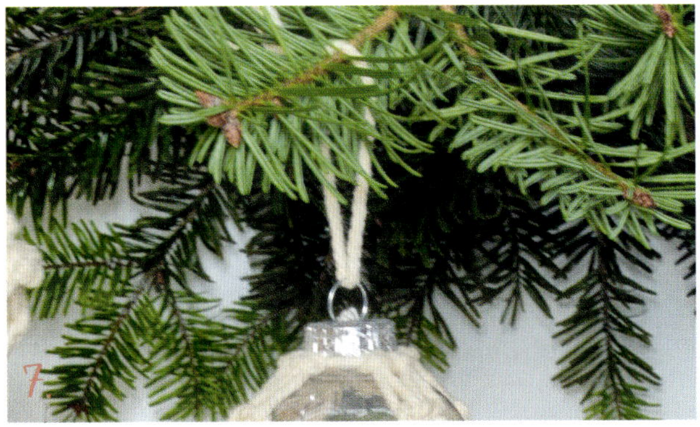

Nimm die zweite 15 cm lange Schnur als Aufhänger für die Weihnachtsbaumkugel.

TIPP

Mit einer farbigen Glaskugel kann die Weihnachtsdeko ganz leicht variiert werden.

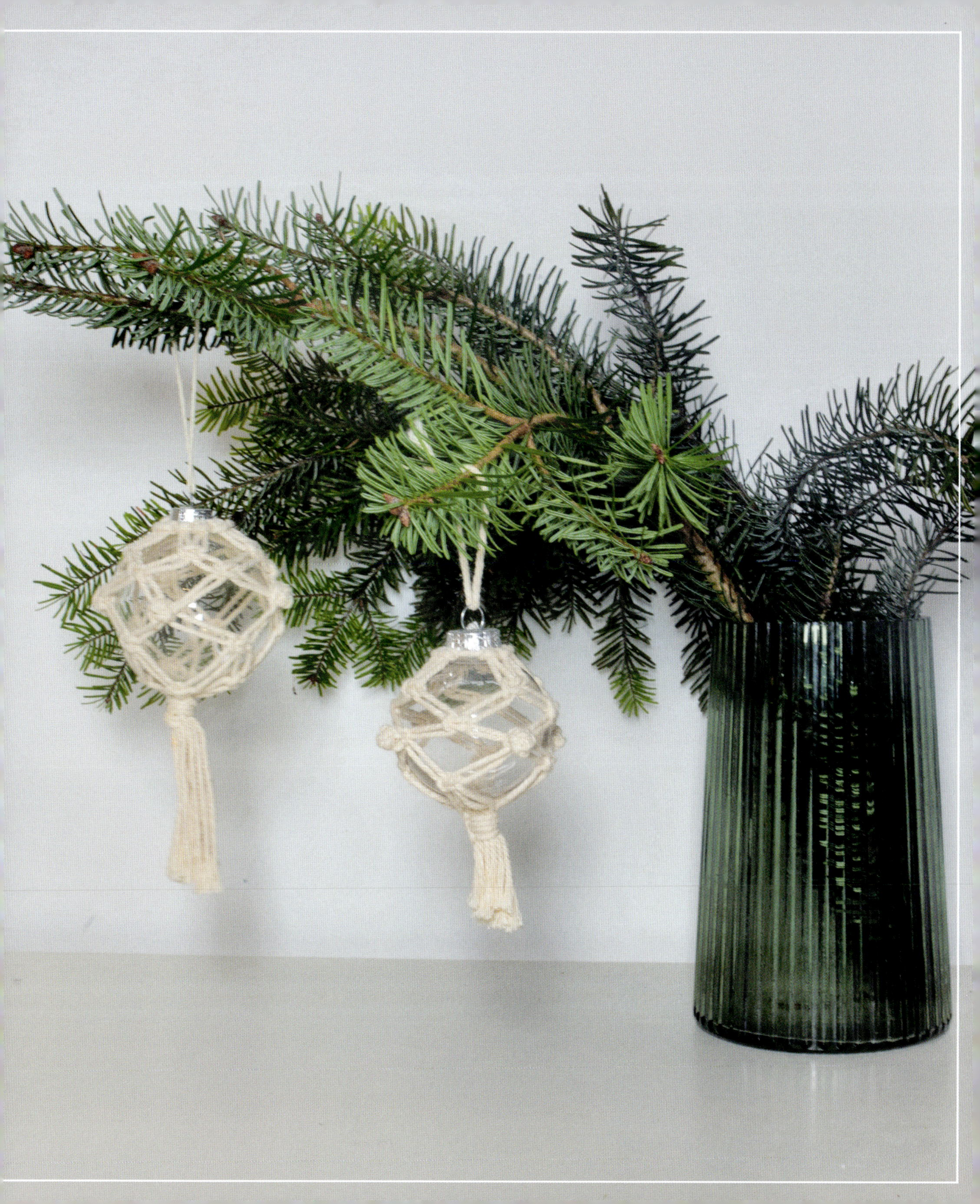

Weihnachtsdeko mal anders: fürs Fenster, für den Weihnachtsbaum oder als Kerzenhalter. Mit diesem Stern kannst du dich dekomäßig richtig austoben.

ZWEIFARBIGER *Stern*

MATERIAL

www.pferdeseile.de (Seilwerk Dittus)
Baumwollgarn (geflochten, ø 2 mm) in Weiß, 9 m
Baumwollgarn (gezwirnt, ø 4 mm) in Natur/Gold-Glitzer, 9 m
1 Holzring ø 5 cm
Bürste
Heißkleber

TIPP

Du kannst den Stern auch als Untersetzer nutzen und ein LED-Teelicht in die Mitte stellen.

KNOTENTECHNIKEN:

Umgekehrter Lerchenkopfknoten (S. 14)
Kreuzknoten (S. 16)
Berry Knot (S. 18)
Versetztes Kreuzknotenmuster (S. 17)
Halber Schlag (S. 20)

So wird's gemacht

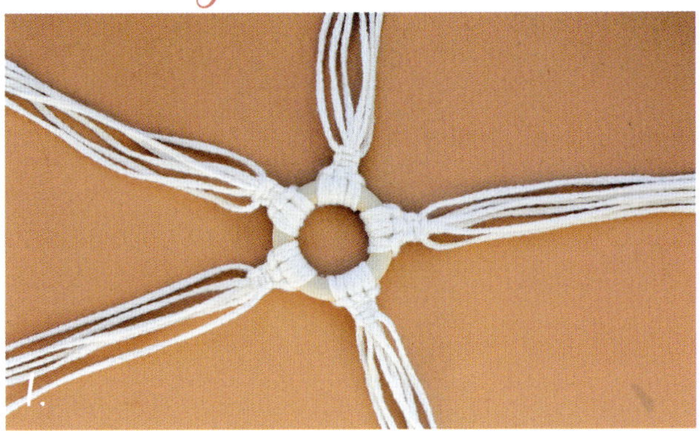

Schneide von jeder Farbe 15 Schnüre mit je 60 cm zu.

Befestige die weißen Schnüre mit umgekehrten Lerchenkopfknoten an dem Holzring.

Nimm immer drei Paar Schnüre zusammen und knote zwei Kreuzknoten mit zwei Arbeits- und vier Füllfäden.

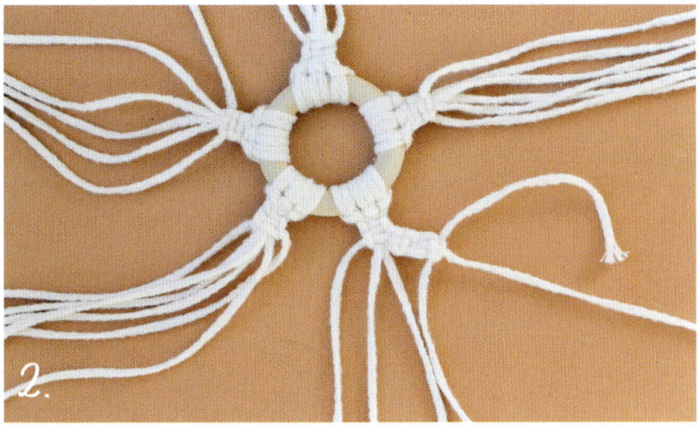

Teile die sechs Schnüre in zwei Teile und knüpfe vier Kreuzknoten mit zwei Arbeits- und einem Füllfaden mit dem rechten Teil.

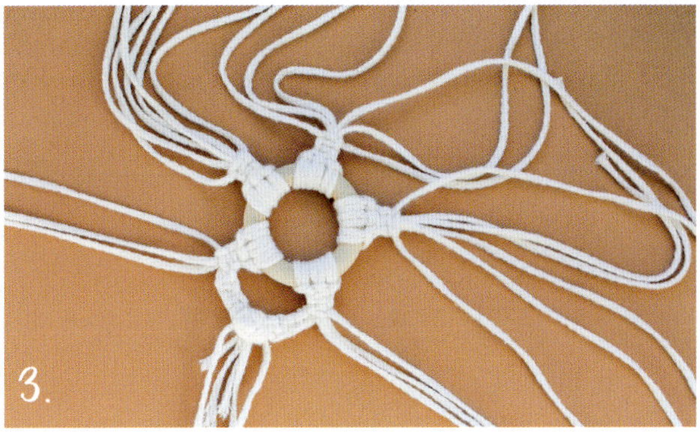

Geh zum nächsten Paar und teile wieder die drei Paar Schnüre in zwei Teile mit je drei Schnüren und knüpfe mit dem linken Teil vier Kreuzknoten mit zwei Arbeits- und einem Füllfaden. Verbinde die beiden Teile in der Mitte mit einem Berry Knot. Verwende hierfür zwei Arbeits- und vier Füllfäden.

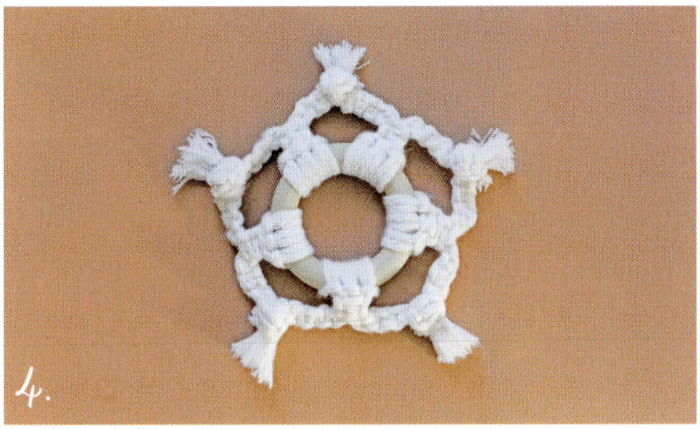

Wiederhole die Schritte 2–3 rund um den Holzring. Kürze die Enden und bürste diese.

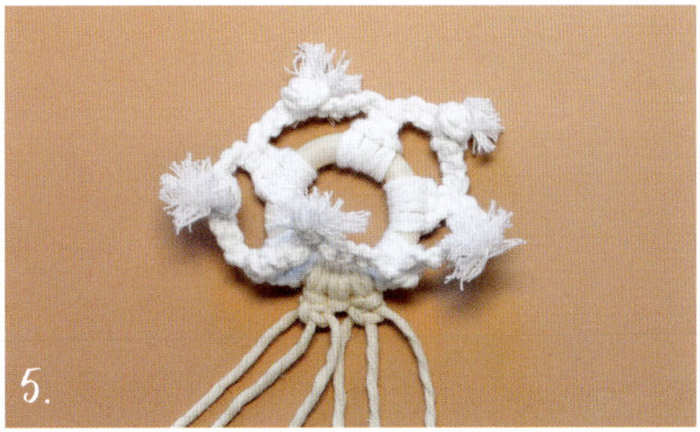

Befestige zwischen den weißen je drei Natur/Gold-Glitzer-Schnüre mit umgekehrtem Lerchenkopfknoten.

Teile die sechs Schnüre in zwei Teile. Beginne rechts neben einem weißen Kreuzknoten und knüpfe mit drei Natur/Gold-Glitzer-Schnüren von rechts einen Kreuzknoten mit zwei Arbeits- und einem Füllfaden.

So geht's weiter

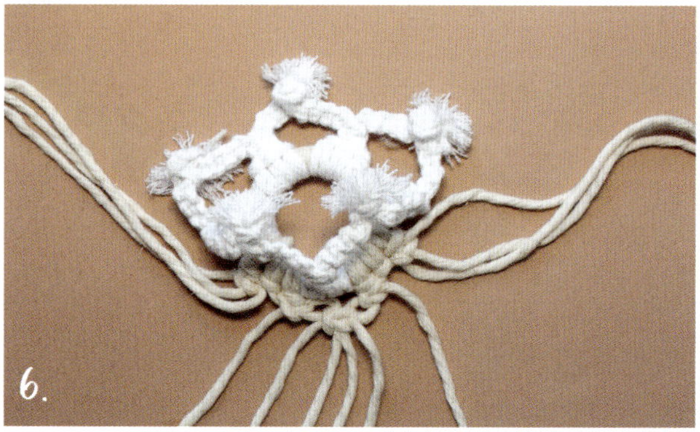
6.

Wiederhole den Kreuzknoten aus Schritt 5 auf der linken Seite. Knüpfe einen Kreuzknoten unterhalb der ersten beiden Kreuzknoten mit den mittleren vier Schnüren.

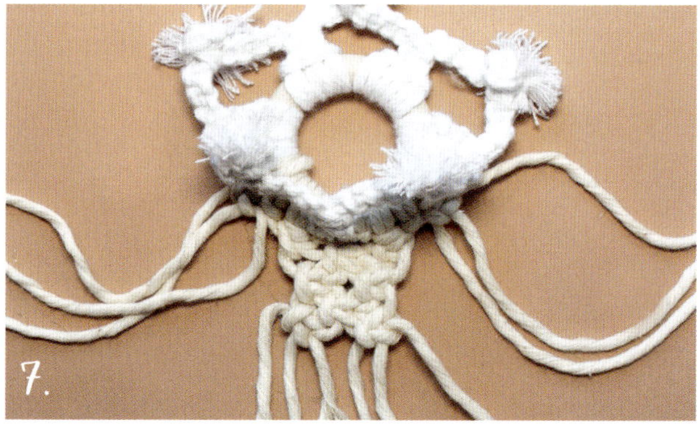
7.

Knüpfe drei Reihen versetztes Kreuzknotenmuster.

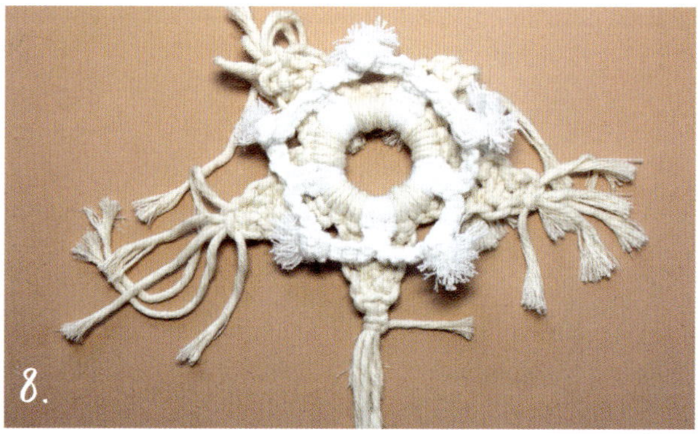
8.

Beende die Zacke des Sterns, indem du die längste Schnur nimmst und mit dieser zwei halbe Schläge um die anderen Schnüre knüpfst. Schneide die Enden ab und bürste sie.

Du kannst den weißen Teil des Sterns noch mit Heißkleber auf den unteren naturfarbenen Teil kleben.

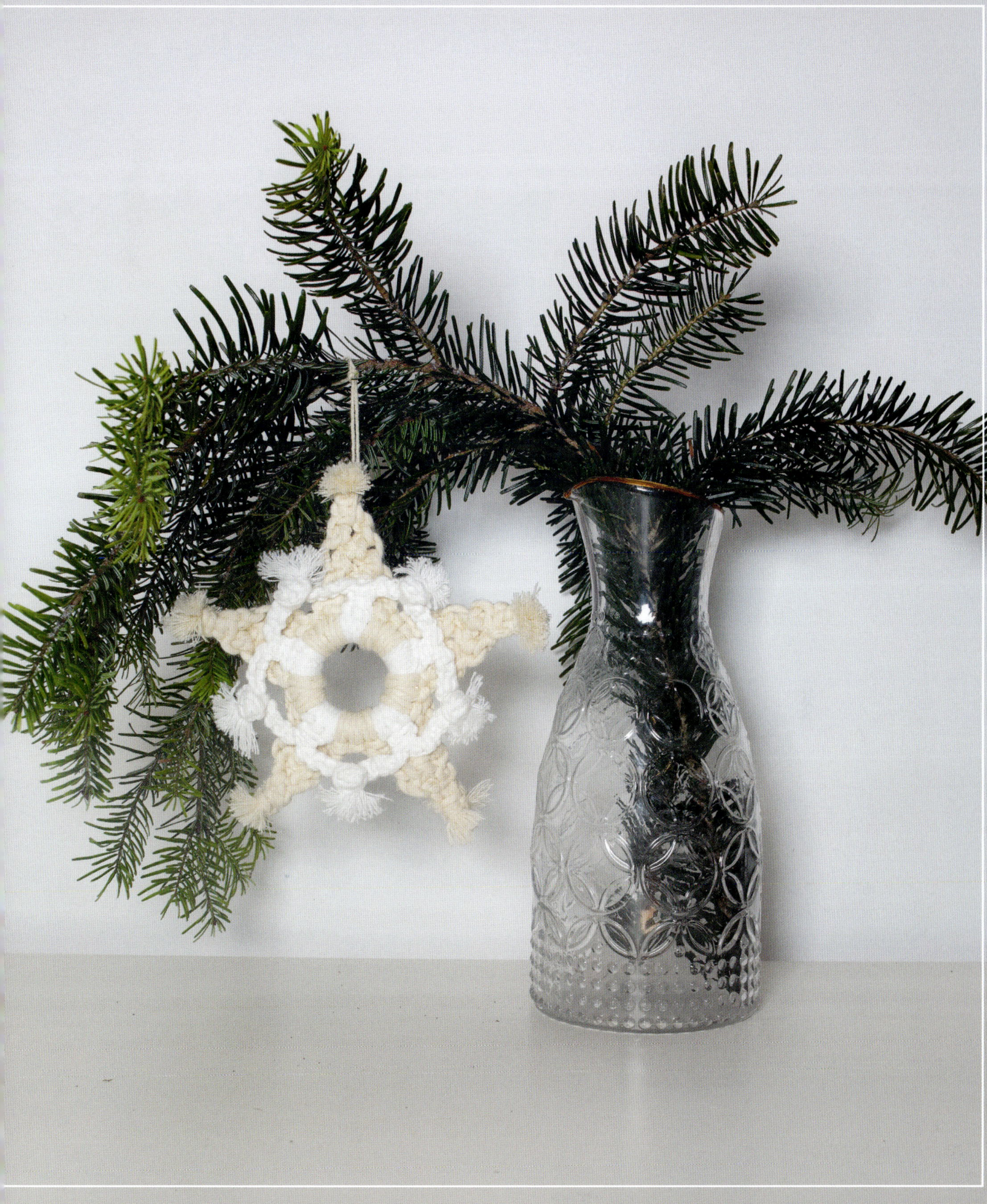

Mit diesem tollen Taschengurt kannst du super easy eine alte Tasche aufwerten.

TASCHEN-gurt

MATERIAL

www.pferdeseile.de (Seilwerk Dittus)
Baumwollgarn (geflochten, ø 4 mm)
in Pfirsich, 5 m
in Honig/Toffee, 3 m
in Natur, 9 m
Baumwollgarn (gezwirnt, ø 4 mm)
in Natur/Gold-Glitzer, 4,5 m
2 Karabiner

TIPP Der Gurt sieht auch an deiner Kamera sehr hübsch aus.

KNOTENTECHNIKEN:

Umgekehrter Lerchenkopfknoten (S. 14)
Halber Knoten (S. 15)
Kreuzknoten (S. 16)

So wird's gemacht

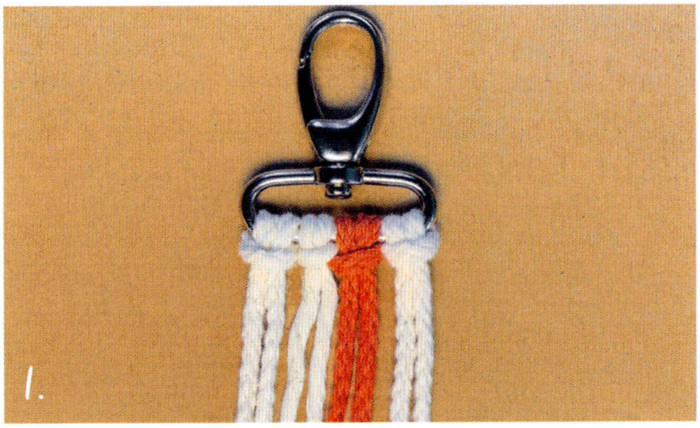

1. Schneide das geflochtene Baumwollgarn in Natur zweimal mit 4,5 m zu. Befestige anschließend alle Schnüre in der Reihenfolge Natur (geflochten, 4,5 m), Natur/Gold-Glitzer (gezwirnt, 4,5 m), Pfirsich (geflochten, 5 m), Natur (geflochten, 4,5 m) mit umgekehrten Lerchenkopfknoten an dem Karabiner.

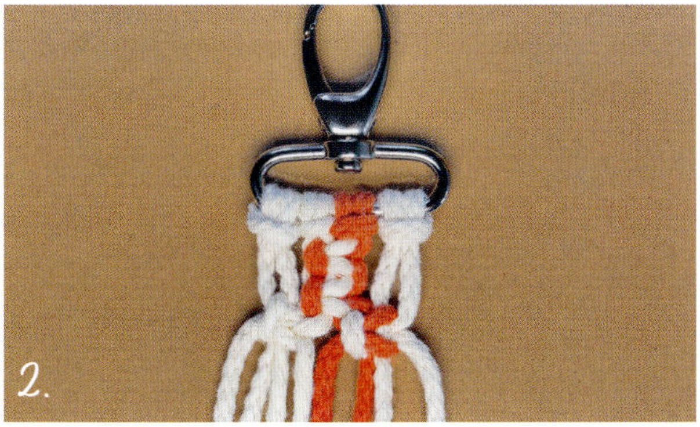

Knüpfe mit den beiden mittleren Schnüren, Natur/Gold-Glitzer und Pfirsich, zwei Kreuzknoten. Knüpfe anschließend mit den Schnüren Natur und Pfirsich rechts einen Kreuzknoten unterhalb der ersten beiden Kreuzknoten. Wiederhole dies auf der anderen Seite mit den Schnüren Natur und Natur/Gold-Glitzer.

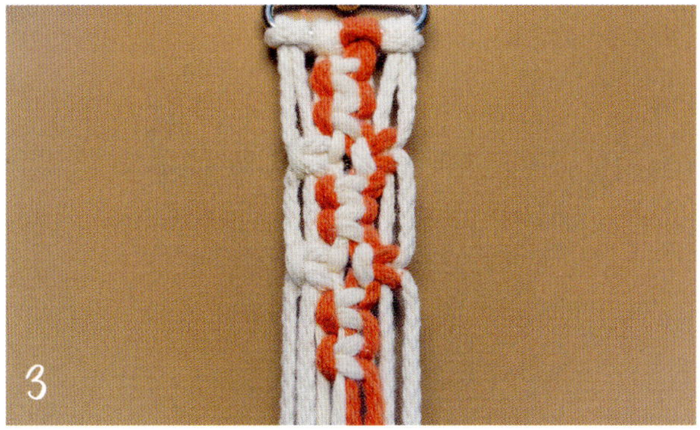

Wiederhole Schritt 2 und knüpfe danach wieder zwei Kreuzknoten mit den Schnüren Natur/Gold-Glitzer und Pfirsich.

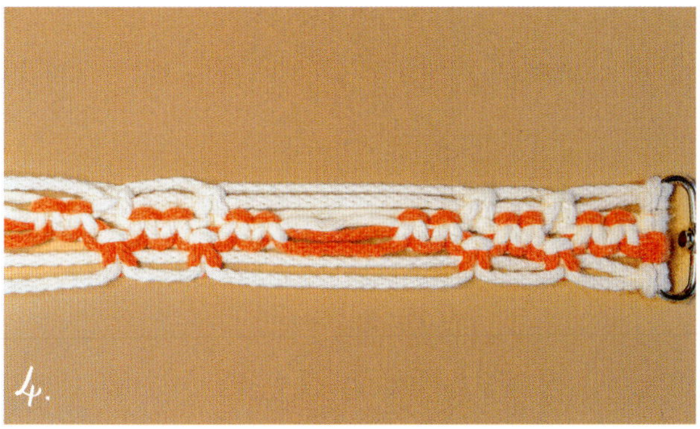

Wiederhole Schritt 2 und 3 insgesamt fünfmal, sodass das Muster insgesamt sechsmal vor dir liegt.

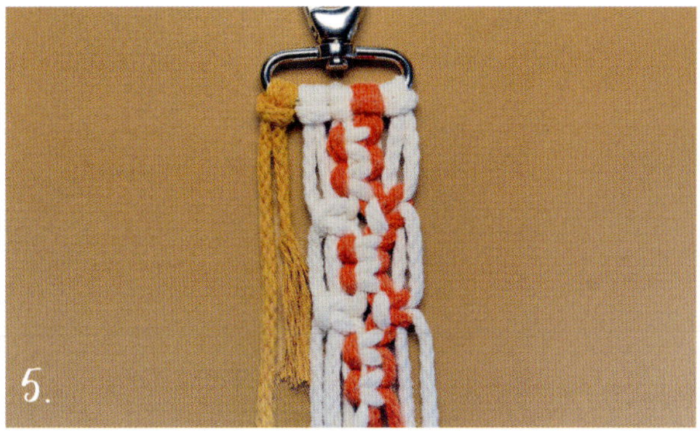

Befestige die Schnur in Honig/Toffee links mit einem umgekehrten Lerchenkopfknoten an dem Karabiner, sodass die innere Schnur ca. 5 cm lang ist.

So geht's weiter

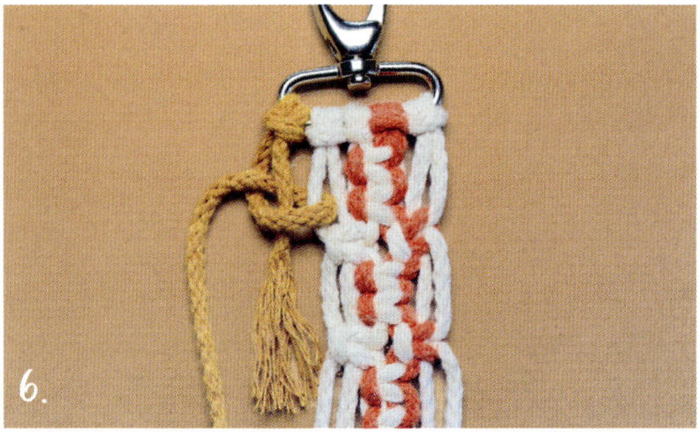

Knüpfe einen halben Schlag, indem du die linke Honig/Toffee-Schnur oben über die kurze Schnur und zwischen die beiden Natur-Schnüre nach hinten legst. Lege die Schnur durch die entstandene Schlaufe auf der linken Seite über die Schnur und ziehe den Knoten fest.

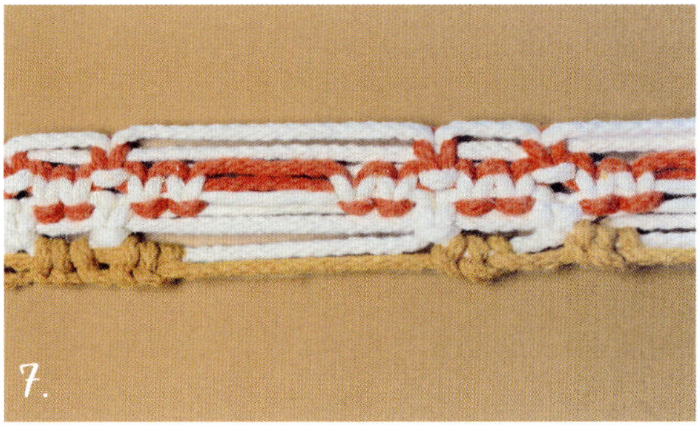

Wiederhole den halben Schlag zweimal, sodass du in der ersten Schlaufe insgesamt drei halbe Schläge hast. Knüpfe weitere drei halbe Schläge in die nächste Schlaufe und nochmal drei unter die Schlaufe. Lass den langen Teil ohne Knoten frei und beginne wieder mit je drei halben Schlägen bei der ersten Schlaufe. Wiederhole das Muster bis zum Ende.

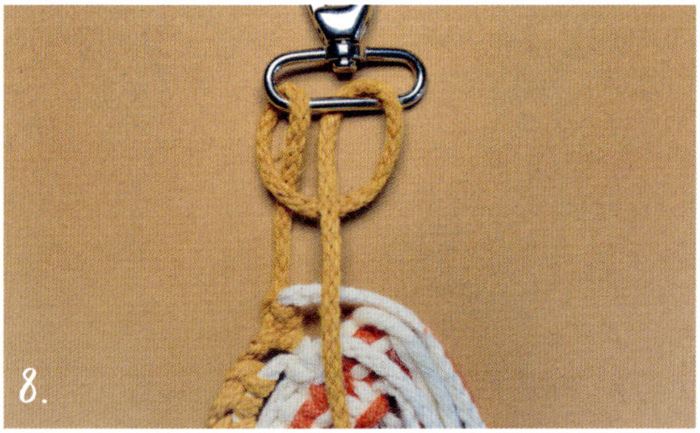

Befestige die Schnüre an dem anderen Karabiner, sodass immer zwei Schlaufen von jeder Farbe entstehen. Lege dazu die Schnur von vorne nach hinten durch den Karabiner, vorn um die Schnur herum und wieder von vorn nach hinten durch den Karabiner. Den Teil der Schnur, der jetzt vor der Schlaufe liegt, nach hinten durch die Schlaufe durchziehen und festziehen.

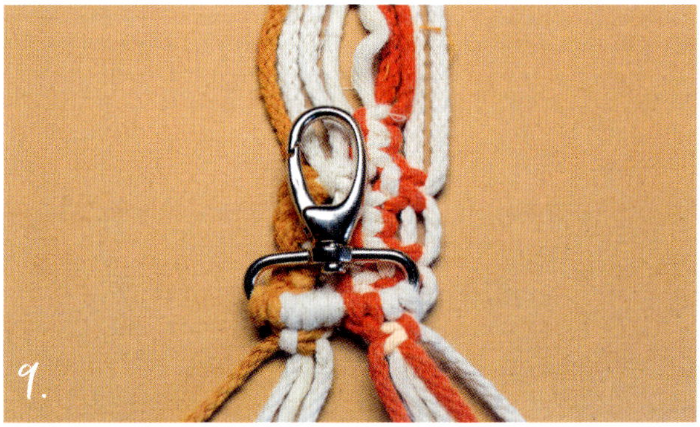

Teile die Schnüre in links vier und rechts fünf Teile auf. Knüpfe mit jedem Teil einen Kreuzknoten. Auf der rechten Seite hast du drei Füllfäden, auf der linken Seite zwei.

Kürze die Enden der Füllfäden.

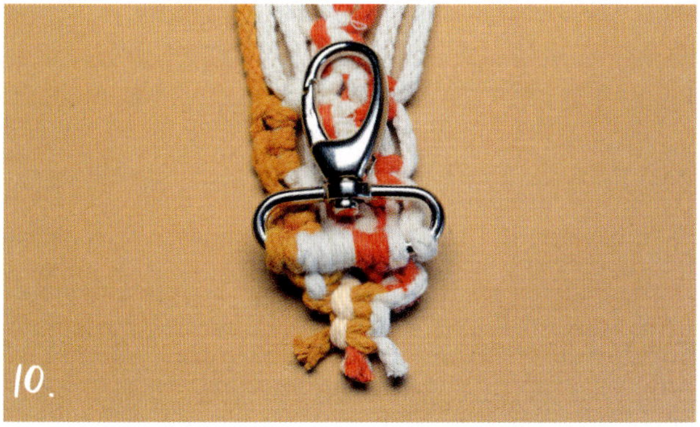

Knüpfe mit den restlichen Schnüren zwei Kreuzknoten und kürze die Enden.

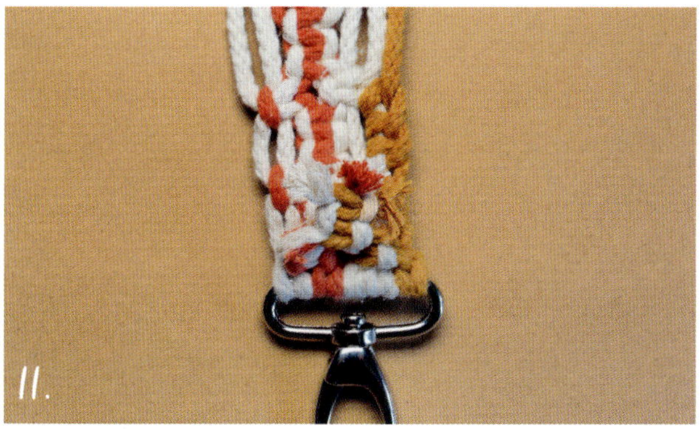

Klappe das Ende hoch und klebe es mit Heißkleber fest oder nähe es mit ein paar Stichen mit der Hand.

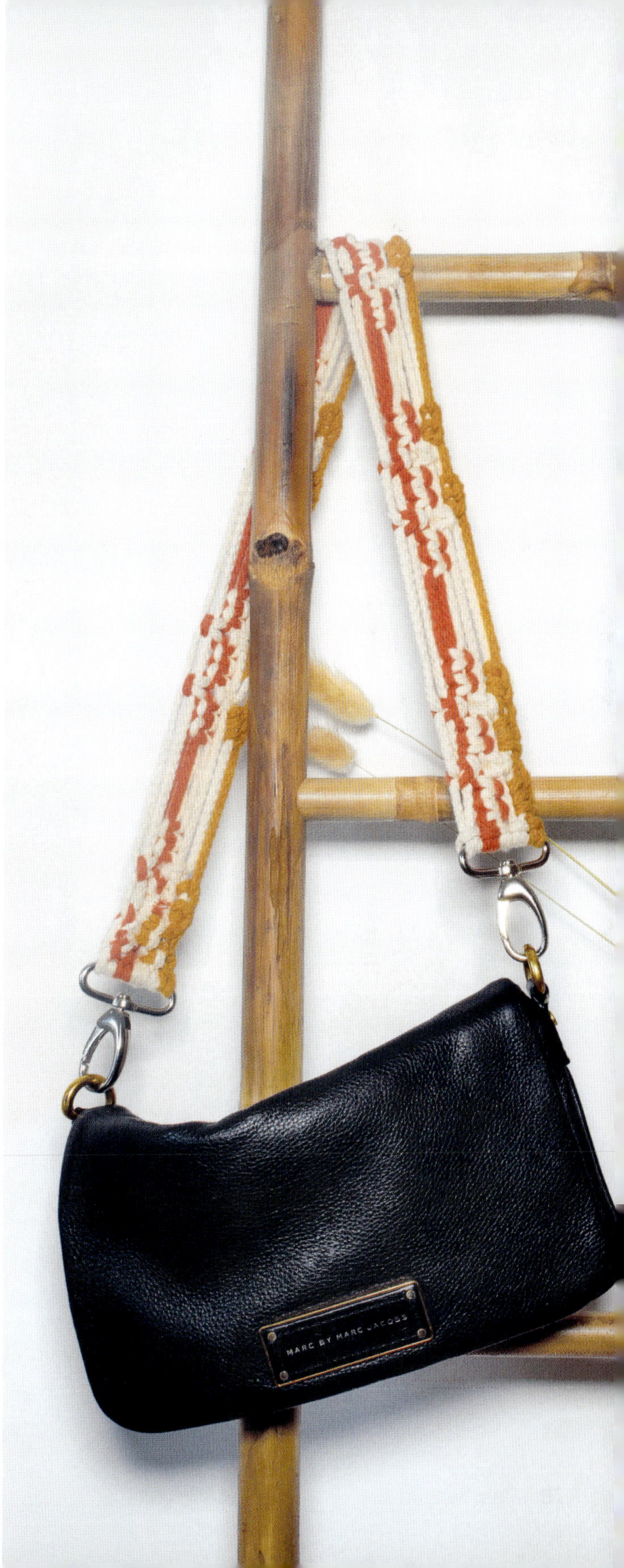

Dieses Mobile sorgt für süße Träume und ist im Kinderzimmer ein Hingucker für Groß und Klein.

KINDERZIMMER-*mobile*

MATERIAL

Hummelt® SilverLine-Rope Baumwollseil (geflochten, ø 10 mm)

in Weiß, 1,38 m

www.pferdeseile.de (Seilwerk Dittus)

Baumwollgarn (gezwirnt, ø 4 mm)

in Natur/Gold-Glitzer, 3,9 cm

Baumwollgarn (geflochten, ø 4 mm)

in Apricot, 9 m

in Puderrosa, 11,2 m

8 Holzperlen (5 kleine und 3 große Holzperlen)

1 Holzring ø 5 cm

1 Ring ø 25 cm mit Holzperlen

Heißkleber

Dünner Draht, 42 cm

Häkelnadel

Transparentes Klebeband

Bürste

KNOTENTECHNIKEN:

Kreuzknoten (S. 14)

Halber Knoten/Halbknotenspirale (S. 15)

Kreuzknoten-Variante (S. 16)

Umgekehrter Lerchenkopfknoten (S. 14)

TIPP

Statt des Perlenrings kann als Basis des Mobiles auch einfach der innereTeil eines Stickrahmens verwendet werden.

So wird's gemacht

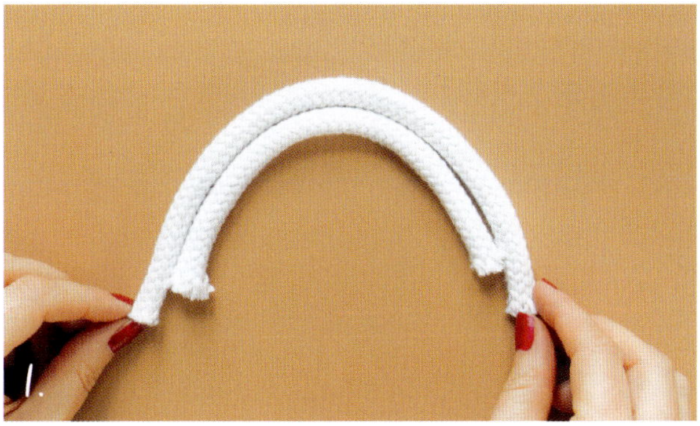

Schneide drei Schnüre mit je 20 cm und drei Schnüre mit je 26 cm in Weiß zu. Schneide drei ca. 14 cm lange Stücke Draht ab. Nimm dir eine 20 cm lange und eine 26 cm lange Schnur.

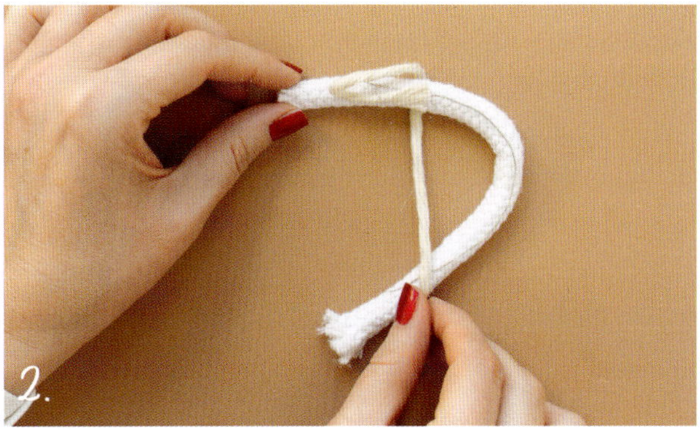

Nimm etwas Draht und lege ihn mittig auf die 20 cm lange Schnur. Fixiere ihn in der Mitte und an den Enden mit Tesafilm. Schneide eine Natur/Gold-Glitzer-Schnur mit 1,3 m Länge. Knicke den ersten Zentimeter um und lege dieses Schnurstück auf Höhe des Drahtes. Umwickle die gesamte 20 cm lange Schnur.

Wenn du am Ende angekommen bist, ziehst du die restliche Schnur mithilfe einer Häkelnadel durch ein paar Schlaufen, um die Schnur zu verstecken.

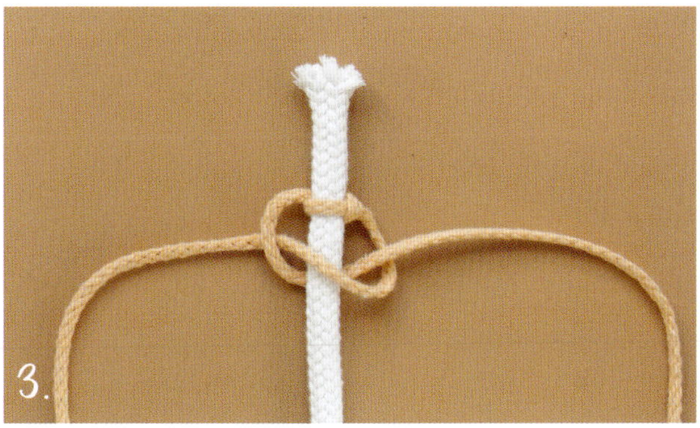

Schneide eine 3 m lange Schnur in Apricot zu. Nimm eine 26 cm lange Schnur in Weiß und lege die Apricot-Schnur mittig darunter. Knüpfe jetzt Kreuzknoten entlang der Schnur.

Wenn du am Ende angekommen bist, ziehst du die Schnur mithilfe einer Häkelnadel durch den letzten Kreuzknoten, um die Schnur so zu verstecken.

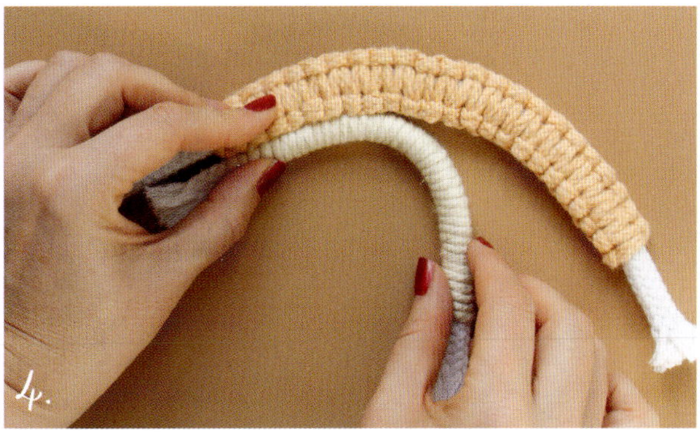

Lege die beiden umwickelten Teile ineinander und fixiere sie etwa alle 2 cm mit einem Tropfen Heißkleber. Wichtig ist, den inneren Bogen dabei schon zu biegen, denn sonst passen die Bogen am Ende nicht zusammen.

So geht's weiter

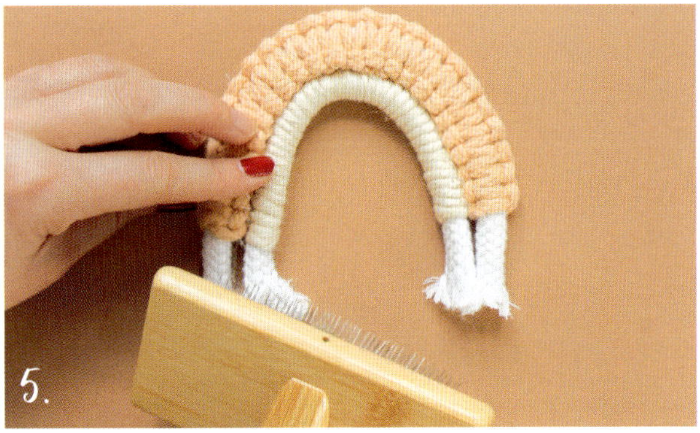

Kürze die Enden gegebenenfalls und bürste sie von beiden Seiten. Wiederhole alles ab Schritt 2 für die anderen beiden Regenbogen. Schneide anschließend drei unterschiedlich lange Schnüre des Natur/Gold-Glitzer-Garns ab, um die Regenbogen aufzuhängen. Ziehe die Schnur dafür mittig durch einen Kreuzknoten und fädle eine große Perle auf. Etwa auf der Hälfte fädelst du noch eine kleine Perle auf. Hier gehst du einmal mit der Schnur von links nach rechts durch das Loch und mit der anderen Schnur von rechts nach links. Bringe dann je einen Regenbogen links und rechts am Perlenring an. Den dritten Regenbogen befestigst du links und rechts am Ring, sodass er mittig im Bogen hängt.

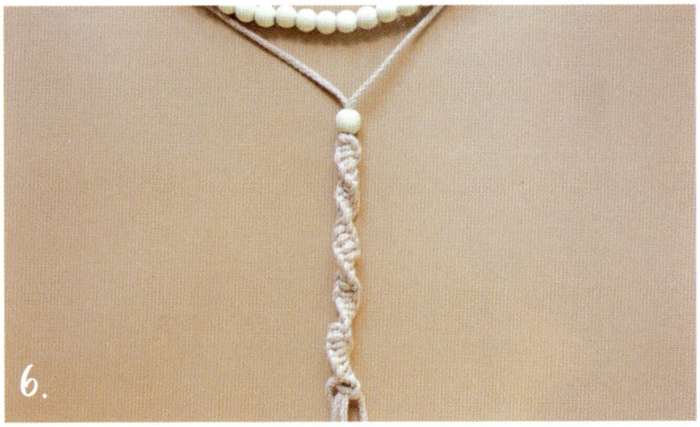

Schneide zwei Schnüre mit je 3,6 m und zwei Schnüre mit je 2 m in Puderrosa zu. Befestige die beiden längeren Schnüre mit umgekehrten Lerchenkopfknoten an dem kleinen Holzring. Befestige jeweils eine Schnur mit einem einfachen Knoten nach ca. 30 cm an dem großen Ring mit Perlen. Achte darauf, dass der Abstand gleichmäßig ist. Nimm die beiden Schnüre wieder zusammen und fädle eine kleine Perle mit einer Häkelnadel auf. Befestige eine 2 m lange Schnur mittig wie bei Schritt 3 und knüpfe insgesamt 35 halbe Knoten. So entsteht eine schöne Halbknotenspirale.

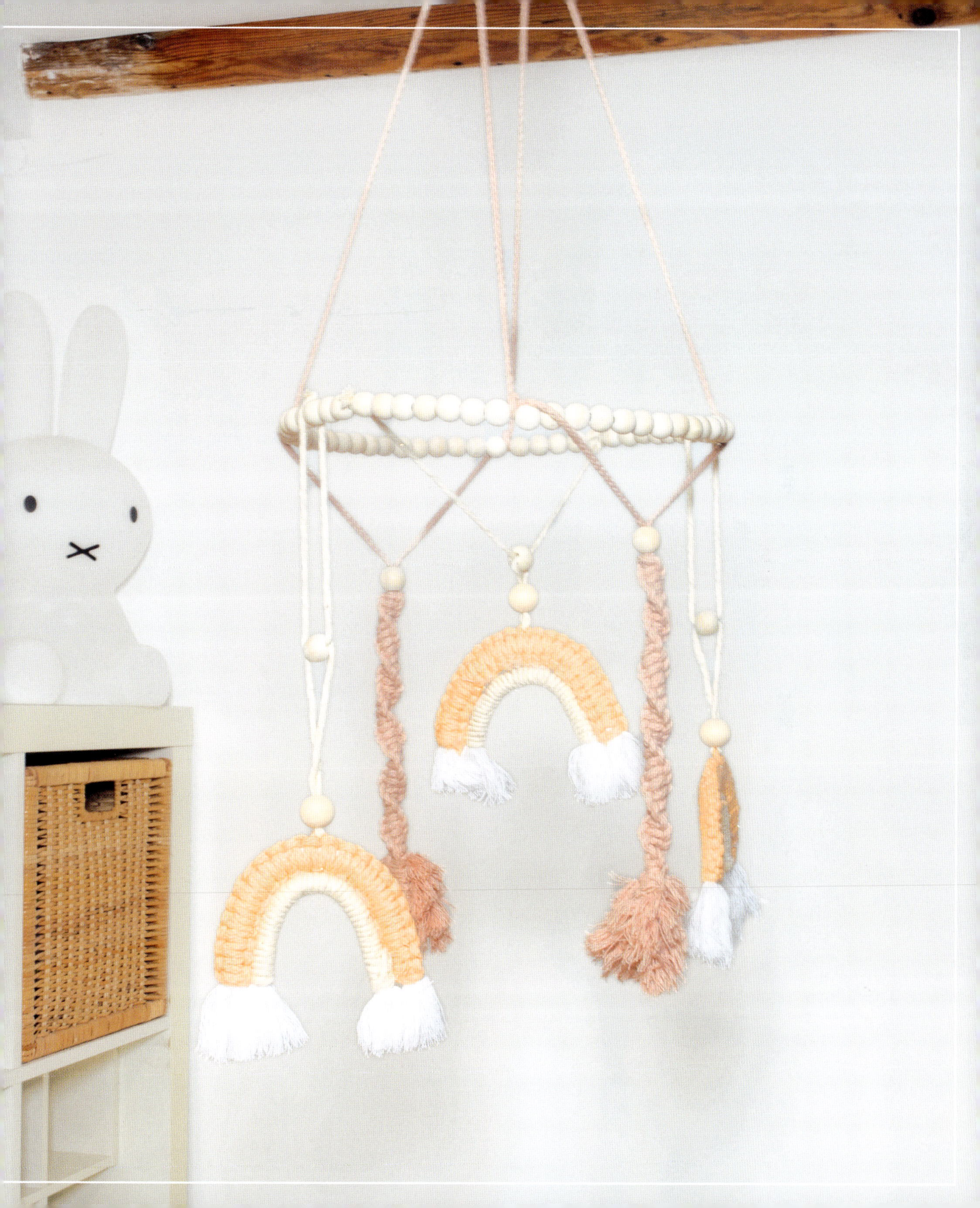

So geht's weiter

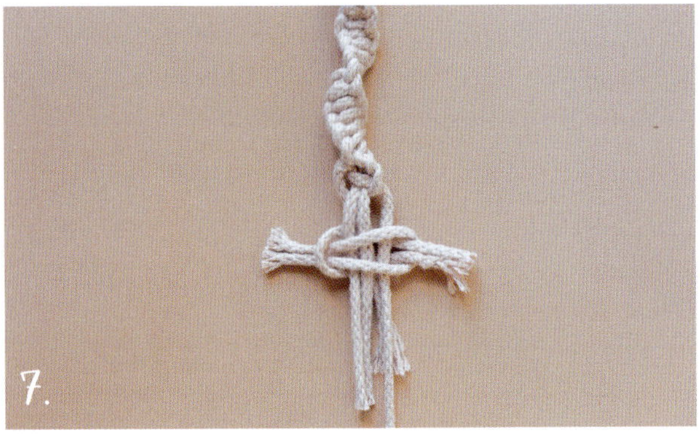

Schneide vom Rest der 3,6 m langen Schnur jeweils acht Schnüre mit je 15 cm ab. Nimm eine kurze Schnur mittig und lege sie mit der Schlaufe nach links unter die Schnüre. Nimm eine zweite kurze Schnur und lege sie über die Schnüre mit der Schlaufe nach rechts. Nun ziehst du das offene Ende rechts von unten nach oben durch die Schlaufe, das offene Ende links von oben nach unten. Ziehe den Knoten fest. Es handelt sich dabei um eine Kreuzknotenvariante.

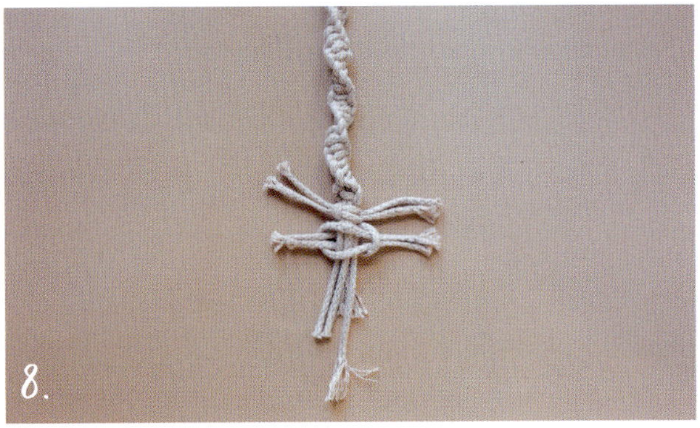

Nimm zwei weitere Schnüre und lege diese in der Mitte zusammen. Platziere sie nun genau entgegengesetzt zu den vorherigen Schnüren: die Schlaufe nach rechts unter die Schnur, die Schlaufe nach links über die Schnur. Ziehe die Enden wieder jeweils durch die Schlaufen. Wiederhole diesen Schritt mit den übrigen kurzen Schnüren. Kürze am Ende die Schnüre und bürste sie. Wiederhole alles mit der zweiten 3,6 m langen Schnur am Holzring. Nun hast du zwei Spiralen.

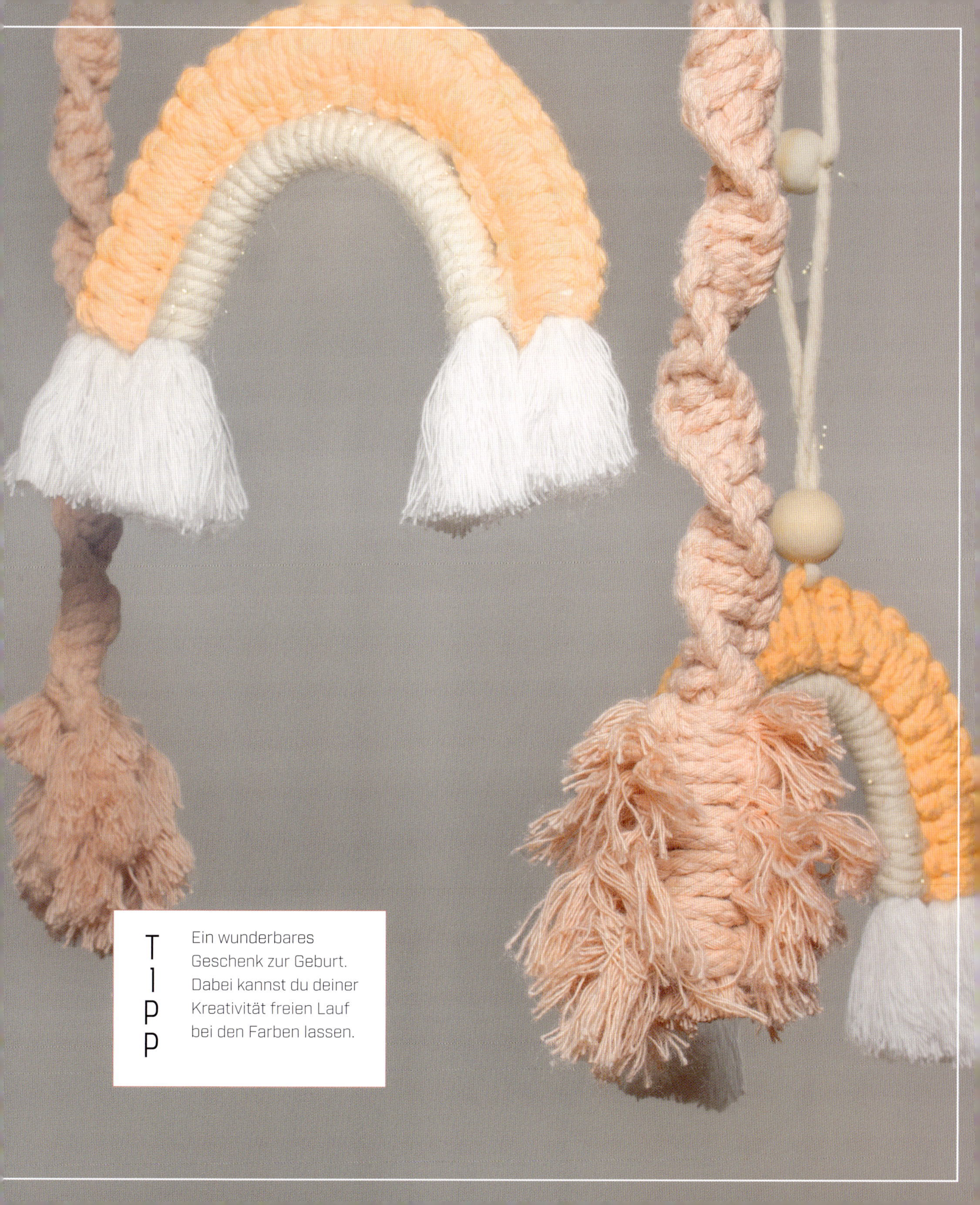

TIPP

Ein wunderbares Geschenk zur Geburt. Dabei kannst du deiner Kreativität freien Lauf bei den Farben lassen.

Egal ob in der Küche oder im Kinderzimmer, dieses Regal ist überall ein echter Blickfang.

BOHO-Regal

MATERIAL

www.pferdeseile.de (Seilwerk Dittus)
Baumwollgarn (geflochten, ø 4 mm) in Natur, 44 m
1 Gewürz-Regal ca. 37 cm breit

KNOTENTECHNIKEN:

Umgekehrter Lerchenkopfknoten (S. 14)
Kreuzknoten (S. 16)
Abnehmendes Kreuzknotenmuster (S. 17)
Doppelter halber Schlag (S. 21)

So wird's gemacht

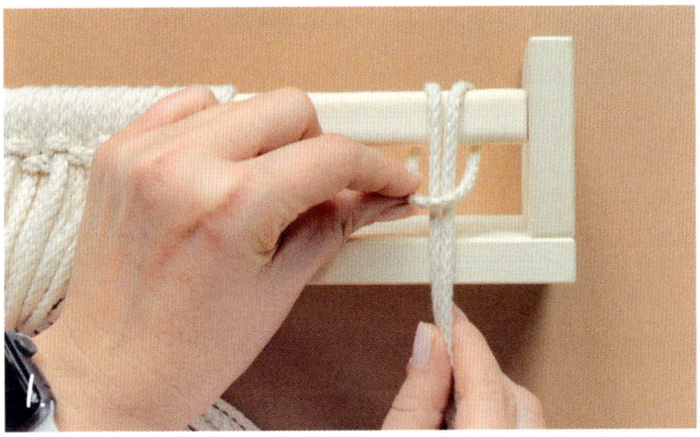

Schneide 40 Schnüre mit je 1,1 m zu und befestige diese mit umgekehrten Lerchenkopfknoten an dem Regal.

TIPP

Wenn dein Regal breiter ist, knüpfe einfach noch eine Zacke mit acht Schnüren dazu. Du brauchst pro Zacke ca. 9 m mehr Garn.

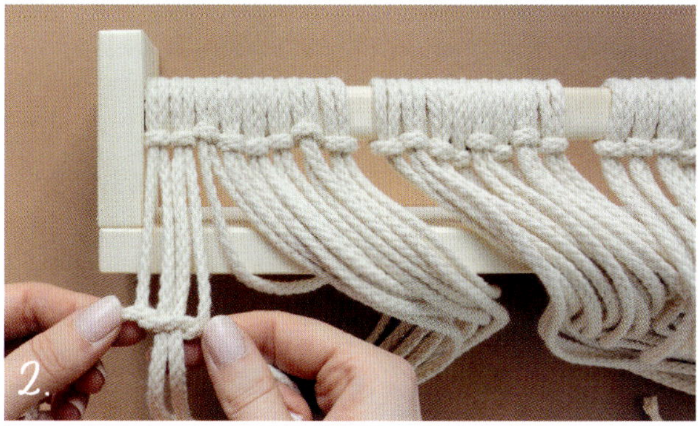

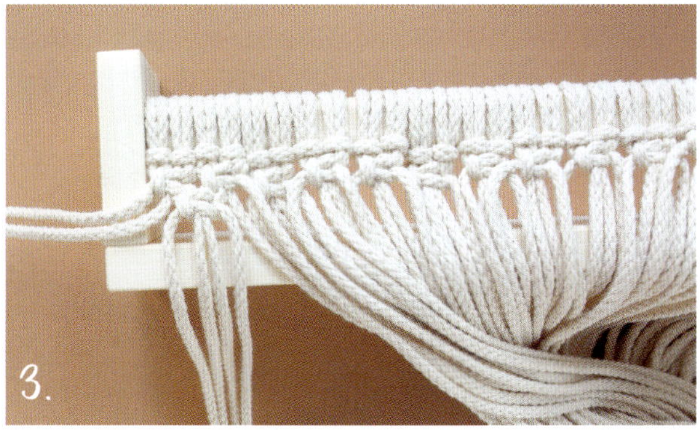

Nimm immer vier Schnüre und knote eine Reihe Kreuzknoten. Beginne an der linken Seite des Regals.

Knote eine Reihe versetztes Kreuzknotenmuster.

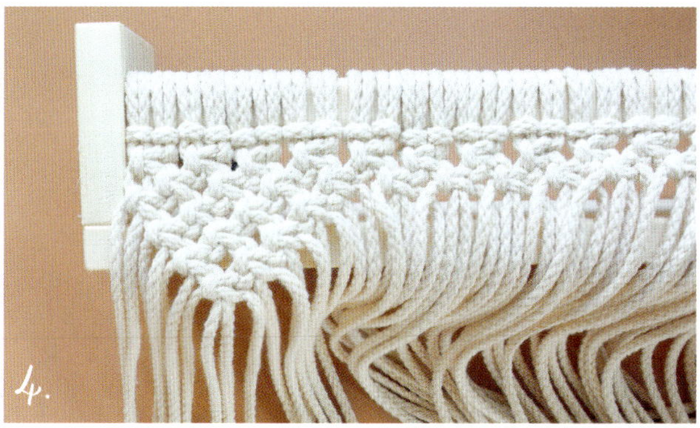

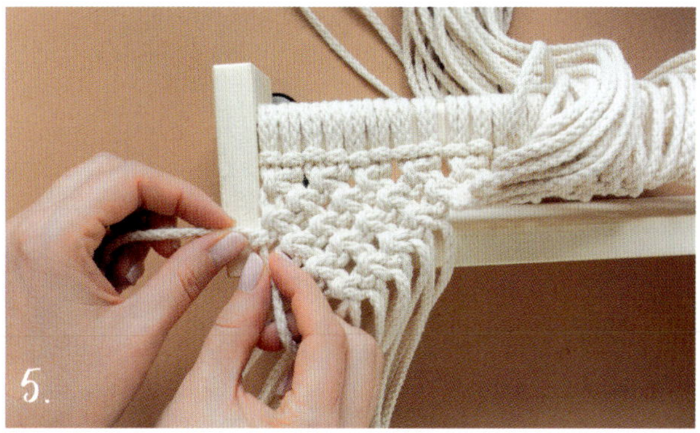

Teile dir 16 Schnüre ab und knote ein abnehmendes Kreuzknotenmuster.

Nimm die linke Schnur des abnehmenden Kreuzknotenmusters als Füllfaden und knüpfe mit den nächsten sieben Schnüren doppelte halbe Schläge um die Schnur nach unten.

So geht's weiter

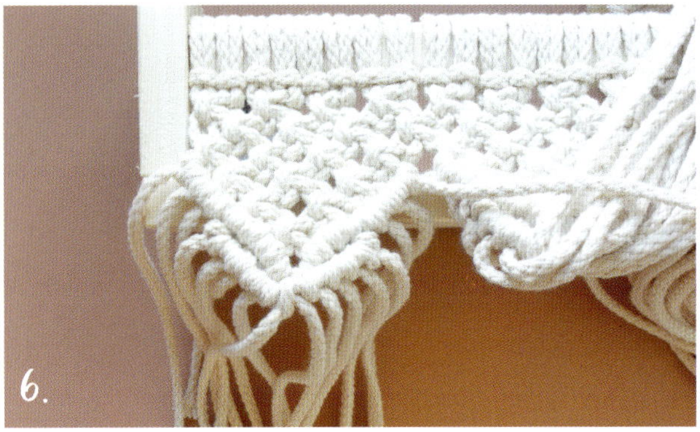
6.

Wiederhole Schritt 5 auf der rechten Seite des abnehmenden Kreuzknotenmusters und mache einen doppelten Knoten mit den beiden Füllfäden. Nimm die vierte Schnur auf der linken Seite als Füllfaden und knüpfe wie in Schritt 5 mit den folgenden vier Schnüren doppelte halbe Schläge um die Schnur.

Wiederhole den Schritt auf der rechten Seite und mache am Ende wieder einen doppelten Knoten mit den beiden Füllfäden. Wiederhole die Schritte 4–6 mit den nächsten 16 Schnüren und knüpfe ein weiteres dreieckiges Muster. Dann lass 16 Schnüre frei. Wiederhole die Schritte 4–6 mit den restlichen Schnüren.

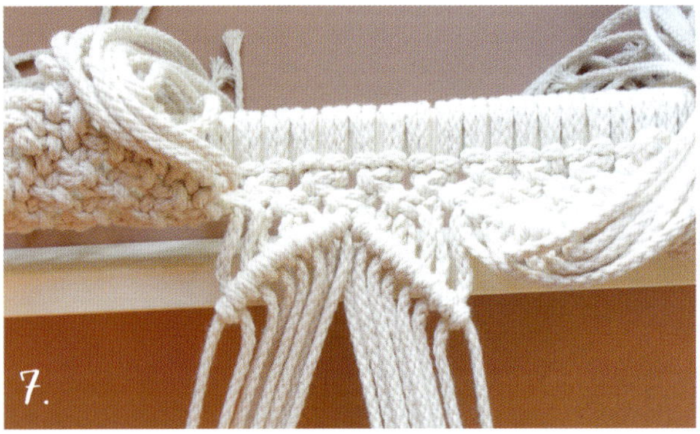
7.

Nun knüpfst du mit den 16 freigelassenen Schnüren ein anderes Muster: Teile dafür die Schnüre in zwei Teile mit je acht Schnüren. Knüpfe jeweils über die innere Schnur eines jeden Teils mit den folgenden sieben Schnüren doppelte halbe Schläge nach unten.

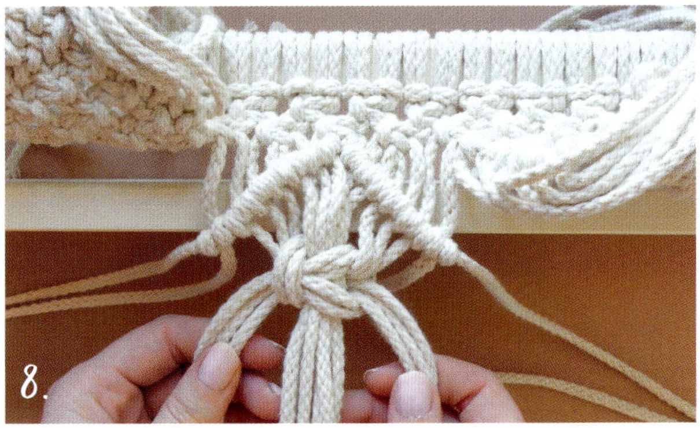
8.

Lege auf jeder Seite zwei Schnüre zur Seite und knüpfe einen Kreuzknoten mit sechs Füllfäden und je drei Arbeitsfäden auf der Seite.

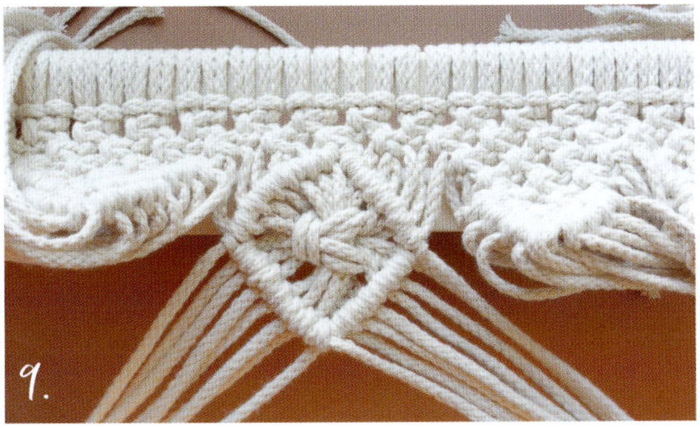

Nimm wieder die linke äußere Schnur als Füllfaden und knüpfe mit den restlichen Schnüren doppelte halbe Schläge nach unten. Wiederhole den Schritt auf der rechten Seite. Mache am Ende einen doppelten Knoten mit den beiden Füllfäden.

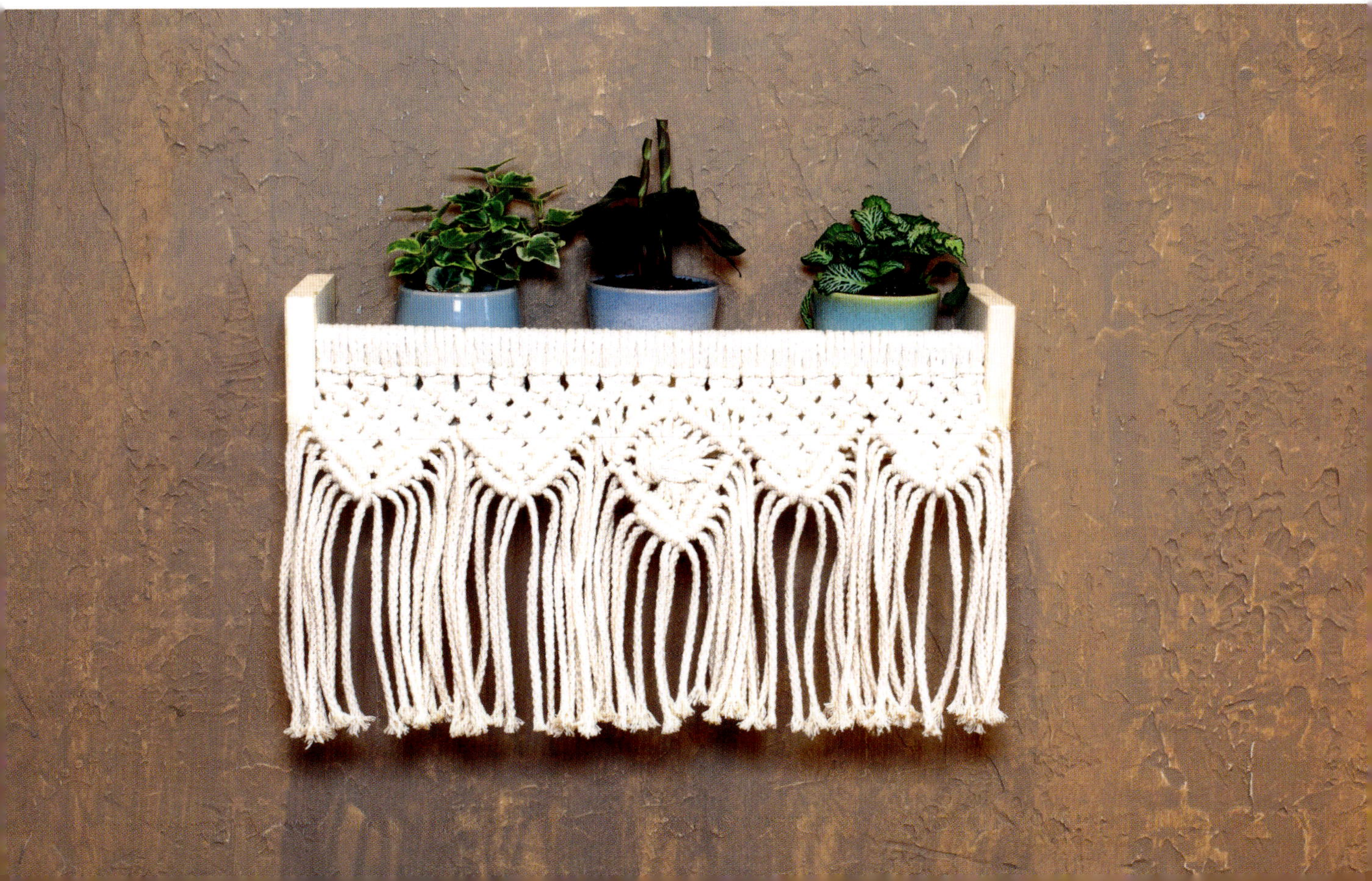

So geht's weiter

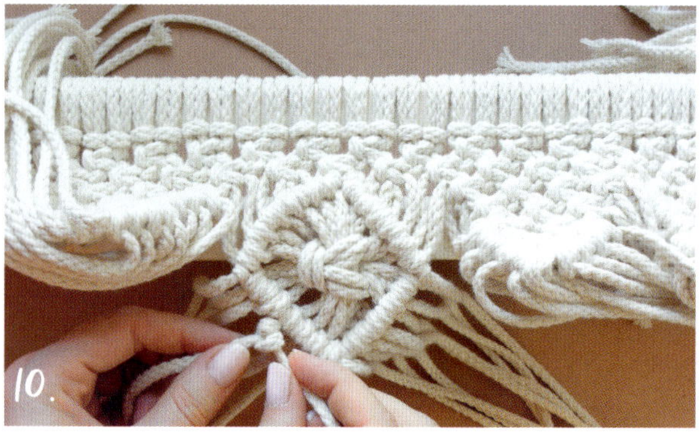

Nimm die vierte Schnur auf der linken Seite als Füllfaden und knüpfe wie in Schritt 6 mit den folgenden vier Schnüren doppelte halbe Schläge um die Schnur.

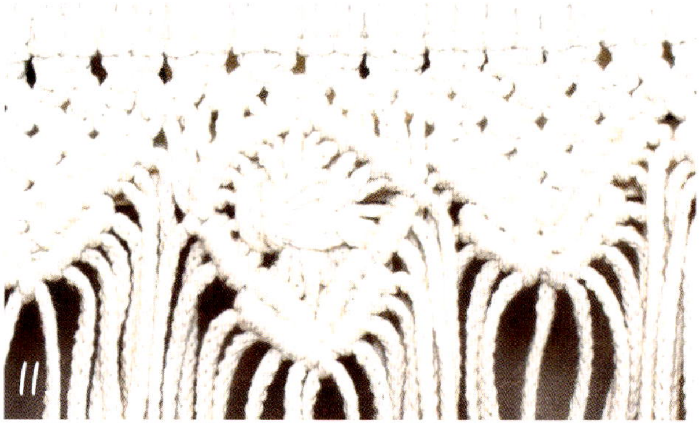

Wiederhole den Schritt auf der rechten Seite und mache am Ende wieder einen doppelten Knoten mit den beiden Füllfäden. Schneide abschließend alle Schnüre auf eine Länge.

TIPP

Wenn du an das Querholz links und rechts je einen Arm der Blumenampel von Seite 32 hinzufügst, wird aus dem Regal optisch ein Hängeregal, an dem Kletterpflanzen prima entlangwachsen könnten.

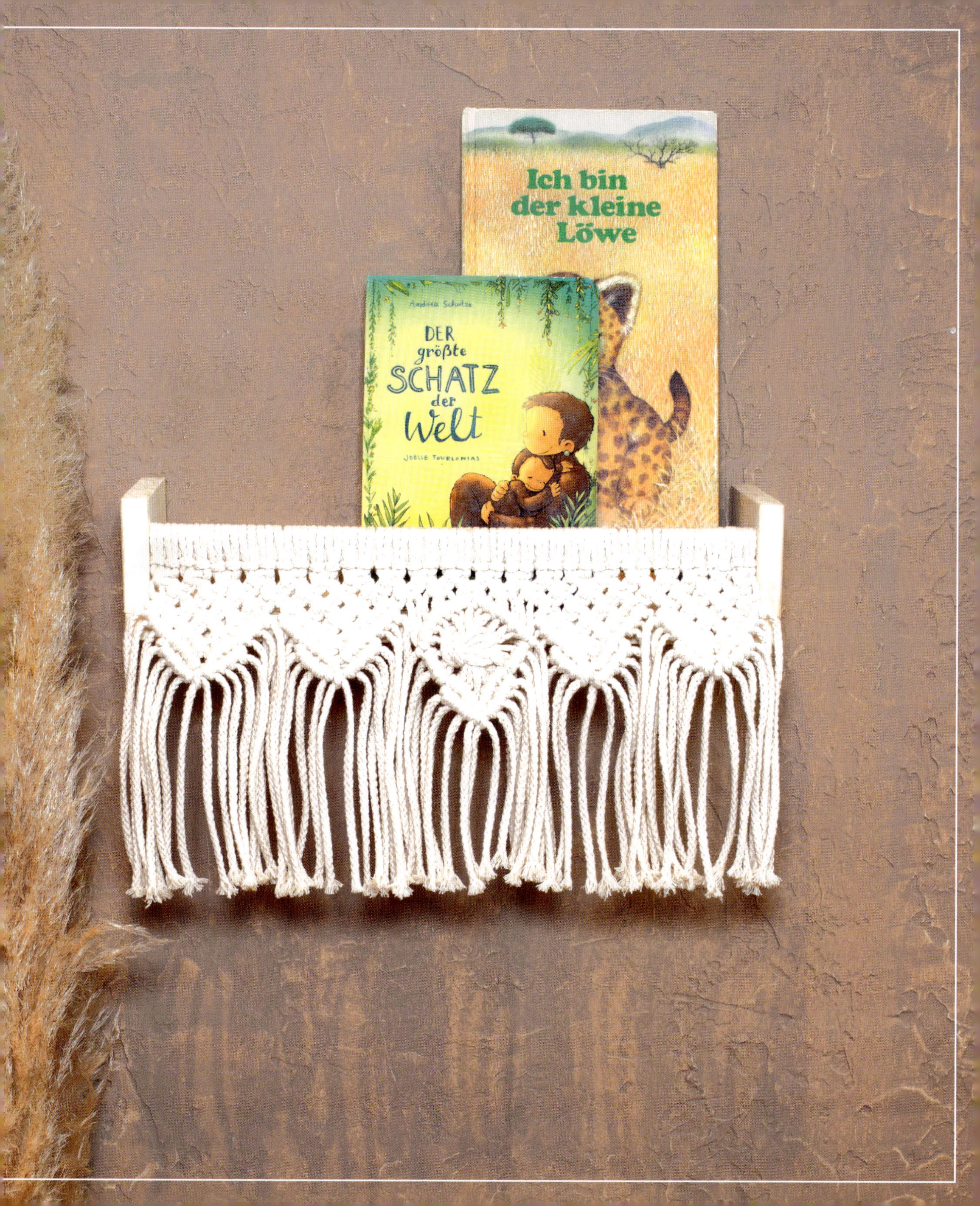
Ich bin der kleine Löwe
DER größte SCHATZ der Welt

Die Magie des Mondes: Dieser wunderschöne Half-Moon-Wandbehang gehört in jedes Schlafzimmer.

WAND-behang

MATERIAL

www.pferdeseile.de (Seilwerk Dittus)
Baumwollgarn (geflochten, ø 4 mm)
in Natur, 71,3 m
in Olivia, 14,25 m
in Apricot, 13,5 m
1 Ast

KNOTENTECHNIKEN:

Lerchenkopfknoten (S. 14)
Kreuzknoten (S. 16)
Doppelter halber Schlag (S. 21)

So wird's gemacht

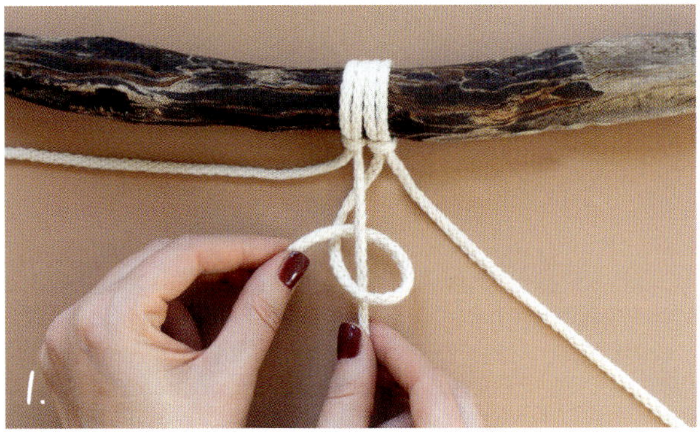

Schneide zehn Schnüre mit je 2,5 m und neun Schnüre mit je 2 m in Natur zu.

Befestige zwei der 2,5 m langen Schnüre mit umgekehrten Lerchenkopfknoten an dem Ast. Nutze die zweite Schnur von links als Füllfaden und knüpfe mit den beiden Schnüren rechts davon je einen doppelten halben Schlag darum.

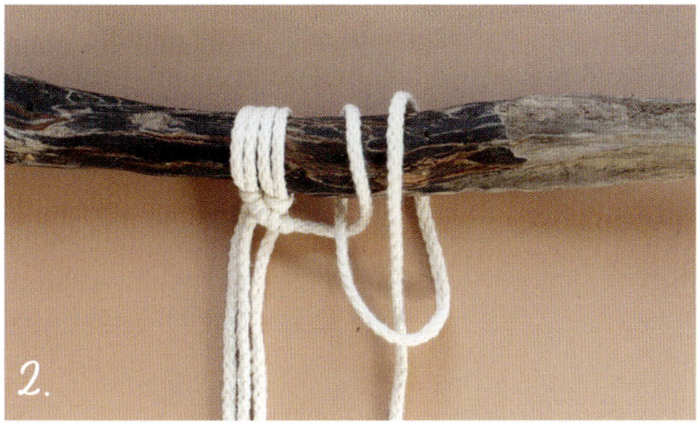

Befestige den Füllfaden auf der anderen Seite des Astes wie folgt: Lege die Schnur von vorne nach hinten über den Ast. Ziehe die Schnur durch die entstandene Schlaufe nach vorne durch. Lege die Schnur anschließend von hinten nach vorne und ziehe sie durch die entstandene Schlaufe.

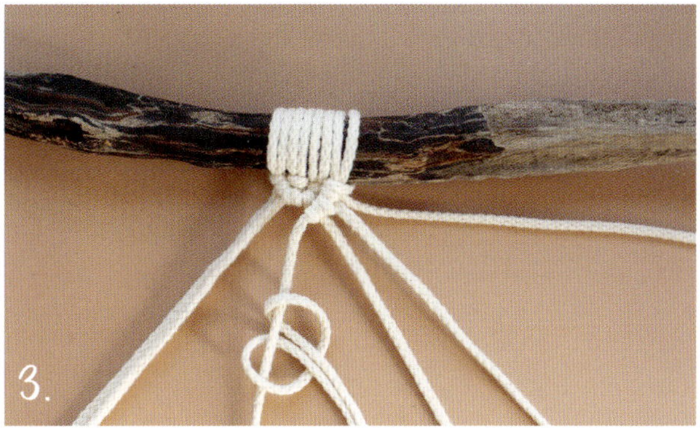

Befestige eine weitere 2,5 m lange Schnur einmal von rechts und einmal von links mit einem umgekehrten Lerchenkopfknoten. Lege die ganz rechte Schnur auf die Seite und knüpfe über die zweite Schnur (Füllfaden) mit den nächsten beiden Schnüren je einen doppelten halben Schlag. Knote dann eine 2 m lange Schnur mit einem Lerchenkopfknoten – kein umgekehrter – an den Füllfaden. Knüpfe danach mit den anderen beiden Schnüren auch je einen doppelten halben Schlag um den Füllfaden.

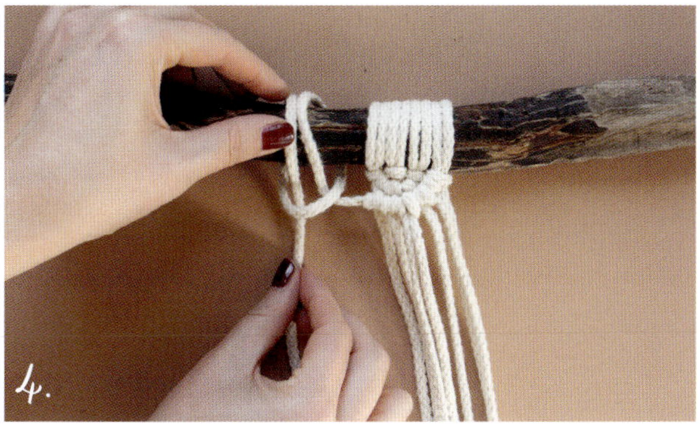

Knote den Füllfaden am Ende wieder wie in Schritt 2 an dem Ast fest. Wiederhole Schritt 3 abwechselnd mit den 2,5 m langen Schnüren und befestige die Schnur immer wieder auf der anderen Seite, bis du 9 Reihen hast.

TIPP

Wenn du dir bei einem großen Wandbehang unsicher bist mit der Länge der Schnüre, kannst du immer die gewünschte Länge mal vier als Anhaltspunkt nehmen.

So geht's weiter

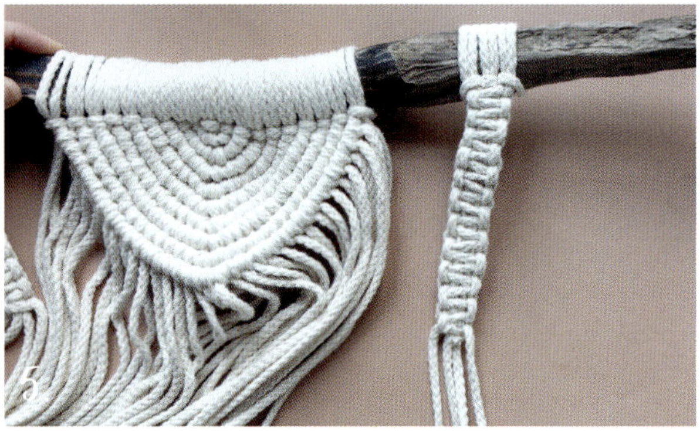

Schneide zwei Schnüre mit 2 m und vier Schnüre mit 2,5 m in Natur zu. Befestige mit etwas Abstand rechts am Ast eine 2 m lange Schnur und jeweils rechts und links eine 2,5 m lange Schnur mit umgekehrten Lerchenkopfknoten so, dass der innenliegende Teil der Schnur ca. 10 cm lang ist. Knüpfe anschließend elf Kreuzknoten untereinander.

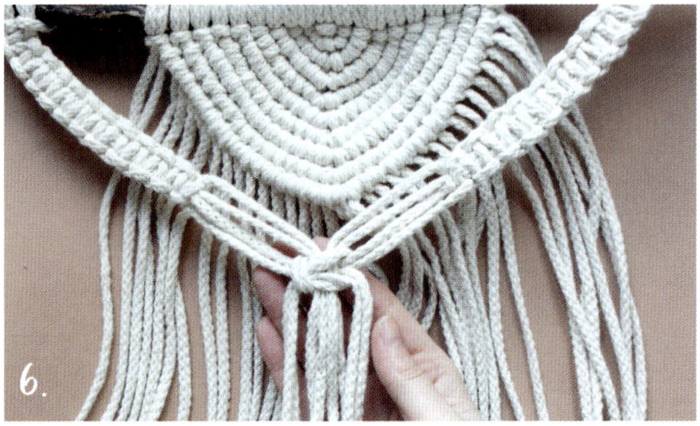

Wiederhole Schritt 5 auf der linken Seite des Astes. Nimm die Schnüre der beiden Seiten zusammen und knote einen Kreuzknoten mit vier Füllfäden in der Mitte und je zwei Arbeitsfäden rechts und links.

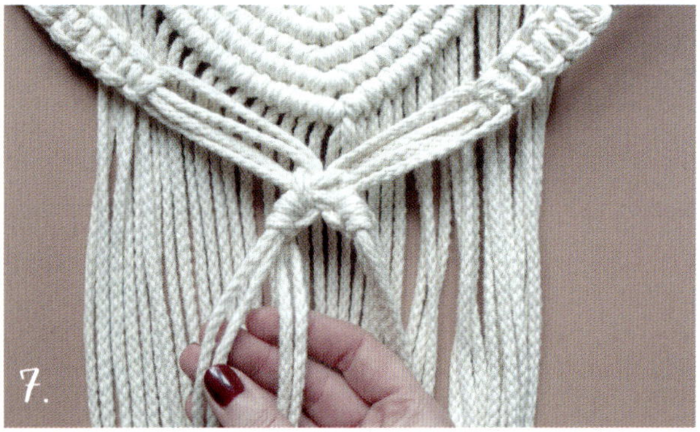

Teile die Schnüre zur Hälfte und knüpfe links mit den beiden Arbeitsfäden je einen doppelten halben Schlag um die beiden Füllfäden. Wiederhole das auf der anderen Seite.

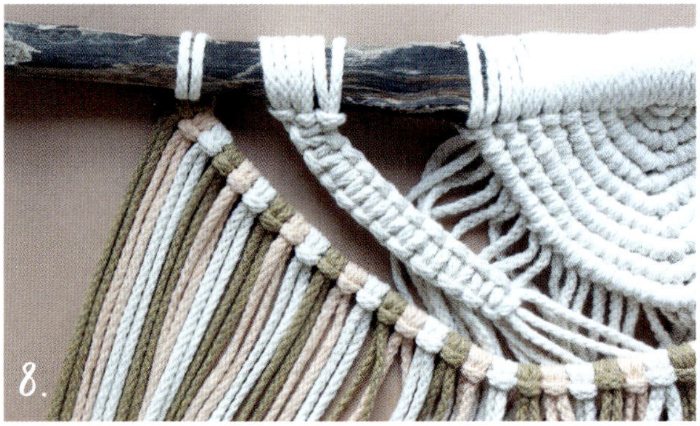

Schneide eine Schnur mit 80 cm in Natur zu und befestige diese wie in Schritt 2 mit beiden Enden jeweils links und rechts an dem Ast. Schneide dann folgende Schnüre mit jeweils 75 cm zu: 18 Mal in Natur, 18 Mal in Apricot und 19 Mal in Olivia. Knüpfe die Farben abwechselnd mit umgekehrten Lerchenkopfknoten an die Schnur. Beginne mit der Farbe Olivia. Kürze am Ende die langen naturfarbenen Schnüre aus den vorherigen Schritten, damit sie nicht unter den farbigen Schnüren hervorschauen.

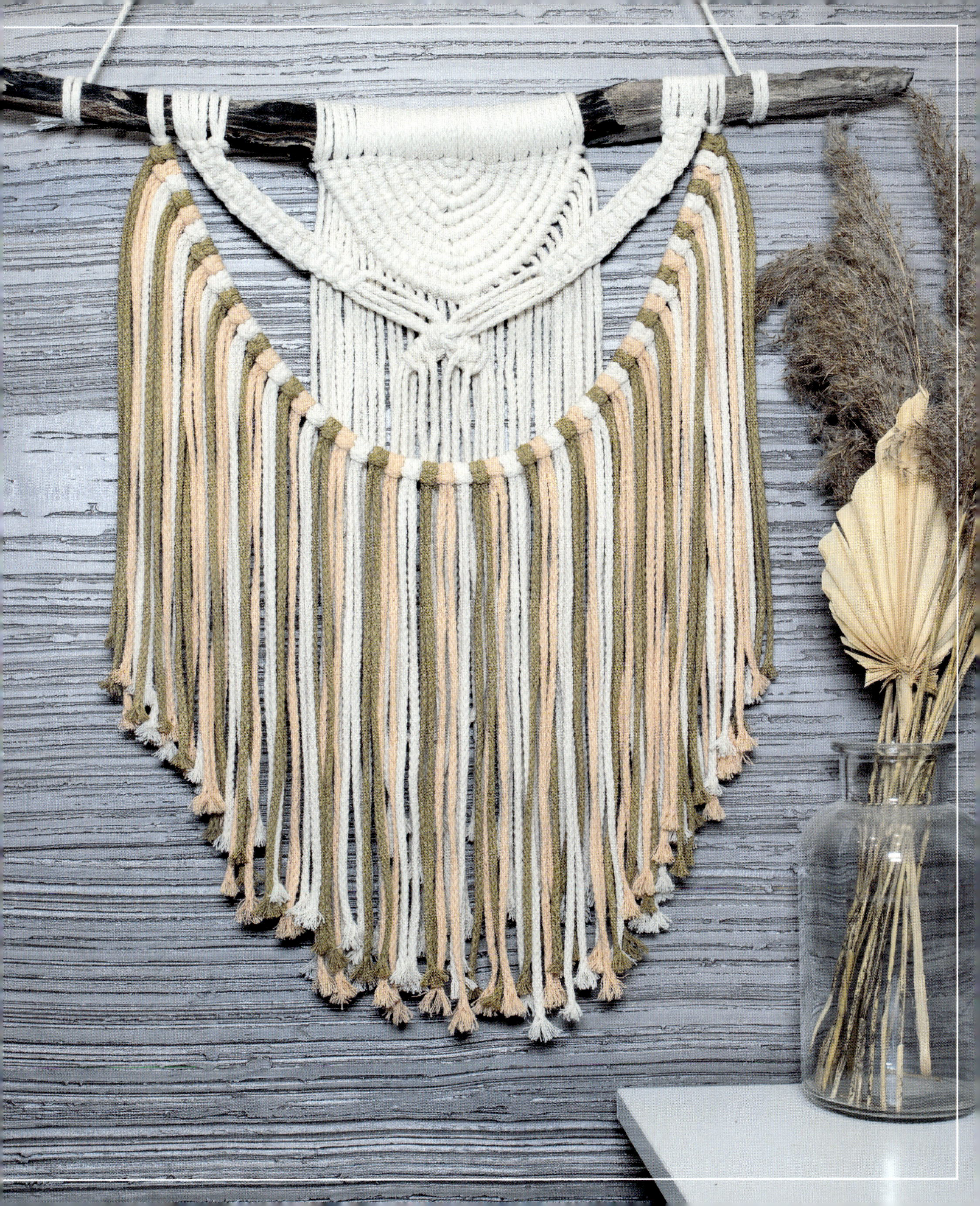

ÜBER DIE AUTORIN

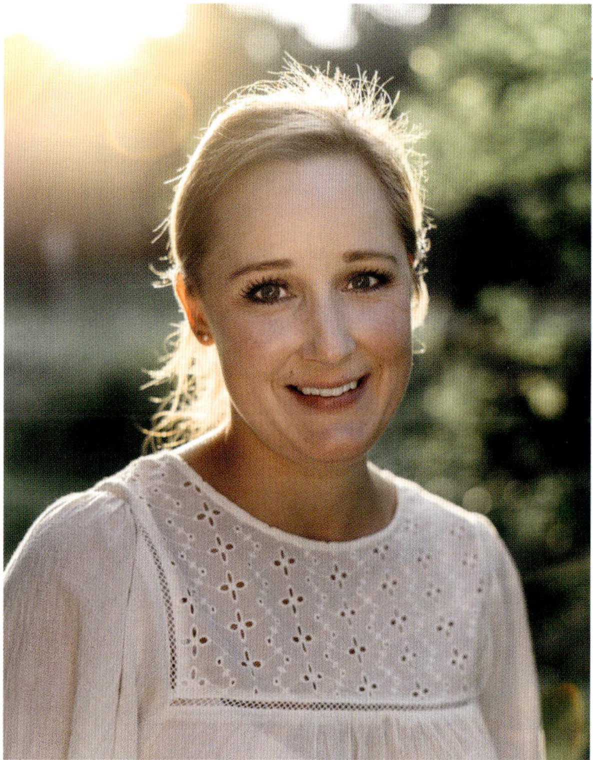

Stefanie Siebenländer studierte Betriebswirtschaftslehre im Allgäu. Nach Beendigung ihres Studiums und mit dem Start ins Berufsleben suchte sie nach einem kreativen Ausgleich. Durch Zufall bekam sie einige Kisten voll Wolle geschenkt. Die Liebe zum Garn war schnell entfacht, und so fing sie erst einmal an zu häkeln. Auf der Suche nach neuer Wolle stieß sie dann auf Makramee-Garn und wollte das Knüpfen „nur mal ausprobieren." Dies ist mittlerweile ihr zweites Buch zum Thema Makramee, sie hat ständig neue Ideen und knüpft auch gerne das ein oder andere Makramee für ihre Kinder. Neben dem Knüpfen ist die Aromatherapie ihre große Leidenschaft. Auf Instagram teilt sie unter @soul.art.oils nicht nur ihre Knüpfideen, sondern auch ihr Wissen als Aromafachberaterin über die wunderbare Welt der ätherischen Öle.

DANKSAGUNG

Ich möchte meinen Großeltern danken, die immer ein offenes Ohr für mich haben und einfach immer alles toll finden, was ich mache. Danke für euer Sein.

Auch möchte ich meinem Mann danken, der mich bei all meinen kreativen Ideen tatkräftig unterstützt und mir immer den Rücken freihält.

Ein großes Dankeschön an Susanne von www.pferdeseile.de (Seilwerk Dittus), die mir einen großen Teil des Garns zur Verfügung gestellt hat. Unter @makramee_madeingermany findet ihr sie auf Instagram.

IMPRESSUM

Bibliografische Information der Deutschen Bibliothek.

Die Deutsche Bibliothek verzeichnet diese Publikation in der Deutschen Nationalbibliografie.

Detaillierte bibliografische Daten sind im Internet über http://www.dnb.de/abrufbar.

EIN BUCH DER EDITION MICHAEL FISCHER

1. Auflage 2023

Bilder: Stefanie Siebenländer, außer: Coverfoto mit Händen Catalina Yomayusa Rodriguez; S. 5 Simone Groß; S. 8, 9, 10, 12 Josephine Kirsch; S. 29, 30, 31, 43, 51 Atelier Holger Albrich, München
Illustrationen: Alexandra Dewitz
Redaktion und Lektorat: Anja Brinkmann
Covergestaltung, Layout & Satz: Alexandra Wolf

ISBN 978-3-7459-1588-4

Gedruckt bei PNB Print SIA „Jansili“, Silakrogs, Ropazu novads, LV-2133, Lettland

www.emf-verlag.de